WESLEY DUEWEL

CHEIO DE DEUS,

REVOLUCIONE SUA VIDA ATRAVÉS DO MOVER DO ESPÍRITO SANTO

CHEIO DO ESPÍRITO

More God, More Power. ©2000 by Wesley L. Duewel. Edição portuguesa © 2019 por Editora Hagnos Ltda. Todos os direitos reservados.

1ª edição: março de 2019
1ª reimpressão: abril de 2021

TRADUÇÃO
Olavo Ribeiro

REVISÃO
Josemar de Souza Pinto
Raquel Fleischner

CAPA
Douglas Lucas

DIAGRAMAÇÃO
Sonia Peticov

EDITOR
Aldo Menezes

COORDENADOR DE PRODUÇÃO
Mauro Terrengui

IMPRESSÃO E ACABAMENTO
Imprensa da Fé

As opiniões, as interpretações e os conceitos emitidos nesta obra são de responsabilidade do autor e não refletem necessariamente o ponto de vista da Hagnos.

Todos os direitos desta edição reservados à
EDITORA HAGNOS LTDA.
Av. Jacinto Júlio, 27
04815-160 — São Paulo, SP
Tel.: (11) 5668-5668

E-mail: hagnos@hagnos.com.br
Home page: www.hagnos.com.br

Dados Internacionais de Catalogação na Publicação (CIP)
Angélica Ilacqua CRB-8/7057

Duewel, Wesley L.
   Cheio de Deus, cheio do Espírito: revolucione sua vida através do mover do Espírito Santo / Wesley L. Duewel [tradução de Olavo Ribeiro]. — São Paulo: Hagnos, 2019.

   ISBN 978-85-243-0569-6
   Título original: More power, more God
   1. Espírito Santo 2. Deus 3. Vida cristã I. Título

19-0368   CDD -231.7

Índices para catálogo sistemático:
1. Espírito Santo

Editora associada à:

Sumário

Prefácio   5
Para você, meu leitor   7

parte 1: Ser cheio

{ 1 } Você pode ser cheio do Espírito   13
{ 2 } Esta é sua maior necessidade   19
{ 3 } As imagens que Deus usa   25
{ 4 } Deus: a fonte da vida cheia do Espírito   33
{ 5 } A humanidade: seres criados para serem
        cheios do Espírito   39
{ 6 } A vida de rendição e profundidade   45
{ 7 } O enchimento do Espírito Santo   51
{ 8 } O momento especial do encher-se do Espírito   61
{ 9 } Exemplos de pessoas cheias do Espírito Santo   67
{ 10 } Fé: o meio para se apropriar da plenitude do Espírito   81
{ 11 } Passos para a plenitude do Espírito   89

parte 2: Seja transfigurado

{ 12 } Transfiguração: o privilégio da vida cheia do Espírito   107
{ 13 } Crescendo na transfiguração: nossa responsabilidade   117

{ 14 } Vida e face radiantes   123

{ 15 } Poder e unção por meio do Espírito   131

{ 16 } A glória da *Shekinah* sobre os cheios do Espírito   139

{ 17 } Vivendo em comunhão de amor   147

{ 18 } Vivendo as expressões práticas do amor   153

{ 19 } Santo amor: a ética da vida cheia do Espírito   161

{ 20 } Você é cheio do Espírito?   171

Oração de amor e anseio por Deus   177

Santo amor: 181
    Primeira aos Coríntios 13 nas palavras de várias
    traduções e paráfrases

Prefácio

Contemplando o poderoso rio Congo em Kinshasa, existe uma estátua alta de Henry M. Stanley. O famoso missionário explorador tem seu braço estendido em direção ao oeste, com seu dedo apontado para as vastas e inexploradas regiões adiante.

É isso que o dr. Wesley Duewel faz nestas páginas. Ao escrever com a paixão de um evangelista e com a sensibilidade de um poeta, ele ergue seu braço e aponta para além das riquezas inesgotáveis da graça que estão ainda por ser descobertas por todos os cristãos cheios do Espírito.

Ser purificado do egocentrismo carnal não significa que sejamos completamente maduros em Cristo. Nossa total entrega ao Espírito Santo somente acelera o processo de nos tornarmos mais parecidos com o Mestre. Temos apenas começado a explorar as profundezas do seu amor. Por causa da graça de Deus, à medida que nosso conhecimento de seu caráter e missão cresce em nós, e nossa obediência por fé se amplia para recebê-la, o Espírito Santo continuará a preencher nossa vida. O que quer que tenhamos conquistado até agora, o melhor ainda está por vir!

Que mensagem maravilhosa para os santos! Quão empolgante é pensar que estamos sendo transformados na própria imagem de Jesus, *de glória em glória na mesma imagem, que vem do Espírito do Senhor* (2Co 3.18)! Mesmo que essa transfiguração permaneça sempre como uma visão para além de nossa experiência atual, ela permanece sendo um incentivo constante para [prosseguirmos] *para o alvo, pelo prêmio do chamado celestial de Deus em Cristo Jesus* (Fp 3.14). Quanto mais nos aproximamos da cidade celestial, mais nossa alma anseia por ver sua face, e, ainda que não sejamos o que viremos a ser um dia, nós o saberemos quando ele for revelado, pois *seremos semelhantes a ele, pois o veremos como ele é* (1Jo 3.2).

A leitura deste livro tem inspirado e desafiado meu coração, e eu o recomendo a você com essa mesma expectativa.

DR. ROBERT E. COLEMAN
Diretor da Escola de Missões Mundiais e Evangelismo
da *Trinity Evangelical Divinity School*
Deerfield, Illinois

Para você, meu leitor

Este livro foi escrito com a convicção de que, quanto mais a presença de Deus encher você, mais o poder de Deus repousará sobre sua vida e mais Deus fará de você uma bênção. Ainda que Deus possua planos maravilhosos para nossa vida espiritual, um número enorme de cristãos jamais experimentou a alegria de viver para Deus que Jesus almeja que eles experimentem. Eu espero que este não seja um retrato de sua vida.

Minha oração é que este livro descortine a aventura espiritual que Deus tem planejado, preparado e tornado possível a você. Ela começa onde quer que você se encontre hoje. E quanto mais você experimentar e conhecer Deus, mais ele o capacitará e usará.

Seu passado pode incluir pecados que você hoje lamenta, que desejaria esquecer, para os quais você sabe que necessita do perdão de Deus antes de encontrá-lo pessoalmente em sua morte. Por que não lhe pedir perdão hoje? Ele o perdoará e o tornará seu filho, e você poderá deixar todos os seus pecados para trás. Dar esse passo abrirá a porta para a aventura espiritual que Deus planejou para você. Então você poderá avançar e se tornar mais e mais semelhante a Jesus.

Talvez você já seja um filho de Deus, mas alguns aspectos de sua natureza pecaminosa ainda atrapalham sua vida espiritual. Você

CHEIO DE DEUS, CHEIO DO ESPÍRITO

tenta escondê-los e controlá-los, mas sabe que precisa de um toque a mais de Deus antes de poder sentir-se completamente à vontade em sua santa presença. Você pode reconhecer alguns problemas espirituais escondidos, algumas atitudes que você gostaria de ver mudadas, algumas áreas nas quais é espiritualmente fraco.

Deus deseja realizar um trabalho mais profundo em sua vida. A Parte 1 é especialmente dirigida à sua situação atual. Dedique tempo hoje para permitir que Deus lhe dê uma vitória espiritual mais profunda e completa. Tão certo como o Senhor está nos céus, ele possui a plenitude do Espírito Santo e uma santa aventura para você. Que Deus o ajude a encontrar na Parte 1 as respostas de que você necessita.

Se você já experimenta tal plenitude do Espírito e pode testemunhar que conhecer a Deus o está ajudando a viver em total liberdade, vitória espiritual e em uma renovação diária de sua bênção, então o Espírito Santo deseja descortinar diante de você a mais espiritual e santa aventura que você poderia conhecer.

Leia a Parte 1 (caps. 1–11) e alegre-se pelo fato de que agora você está preparado para explorar as alturas e profundidades das ricas bênçãos de Deus, suas surpresas sagradas e graça transformadora, que ele apresenta a você como uma santa peregrinação em direção à sua imagem. Que você encontre na Parte 2 muitas descobertas espirituais, desafios para ser mais plenamente parecido com Cristo e vislumbres das bênçãos para as quais Deus o chama à medida que você cresce em Cristo Jesus.

Mergulhe na santa aventura da obra transformadora do Espírito em sua vida. Deixe que ele canalize o amor de Jesus por meio de você para outros. Compartilhe do fardo de Jesus pelos pecados, sofrimentos e tristezas dos necessitados.

Que o Espírito Santo encha você e o transforme à semelhança dele, cativando você com a beleza e glória dele, de tal modo que você seja irresistivelmente levado a persegui-las. Que o Espírito

PARA VOCÊ, MEU LEITOR

cative totalmente nossa alma e nos faça experimentar uma transfiguração espiritual tão verdadeira como a que Cristo experimentou fisicamente no monte, na presença de Pedro, Tiago e João. (Note que a Escritura usa a mesma palavra grega para a nossa transfiguração [*metamorphoo*; Rm 12.2; 2Co 3.18] que usa para a transfiguração de Jesus no monte [Mt 17.2].)

O Espírito Santo tem muito mais a fazer em meu coração e no seu à medida que nos aproximamos cada vez mais de Deus na vida cheia do Espírito. Que nós o adoremos, que ansiemos por ser mais parecidos com ele e que corramos pela graça cada vez mais próximos até alcançarmos a *medida da estatura da plenitude de Cristo* (Ef 4.13). Junte-se a mim na busca por nos apropriarmos de tudo pelo que Cristo Jesus conquistou para você e para mim (Fp 3.12). *... esquecendo-me das coisas que ficaram para trás e avançando para as que estão adiante, prossigo para o alvo, pelo prêmio do chamado celestial de Deus em Cristo Jesus* (v. 13,14). Que o clamor de nosso coração seja "Cheio de Deus, cheio do Espírito!"

parte **1**

{ Ser cheio }

Você pode ser cheio do Espírito

Qual notícia mais maravilhosa você poderia, como cristão, receber de Deus que o fato de que pode ser cheio do seu Espírito? Como é emocionante saber que a razão pela qual você se encontra onde está espiritualmente hoje é que Deus o guiou até esse ponto por seu Espírito. Como é maravilhoso perceber que o Espírito de Deus tem usado você para ser uma bênção para outros ou para ganhar uma pessoa para Cristo. Sim, cada toque do Espírito de Deus em sua vida é maravilhoso.

Não apenas o Espírito de Deus pode colocar a mão sobre você e usá-lo, como pode também enchê-lo. Você não precisa permanecer satisfeito com uma consciência ocasional da presença do Espírito de Deus em sua vida. Pode ser cheio dele diariamente, momento após momento. Ele mesmo coloca o anseio por ter mais do seu Espírito em seu coração porque deseja satisfazer você, impressioná-lo com sua resposta abundante. Jesus disse: *Se vós, sendo maus, sabeis dar boas coisas aos vossos filhos, quanto mais o Pai celestial dará o Espírito Santo aos que o pedirem* (Lc 11.13).

A água é frequentemente usada na Bíblia como um tipo para o Espírito Santo, enquanto a sede de água é usada para ilustrar a sede pelo Espírito Santo. Imagine seu coração como um cálice que Deus quer encher com o Espírito Santo até você poder dizer sinceramente: *meu cálice transborda* (Sl 23.5). Talvez você esteja sedento por mais do Espírito Santo em sua vida como uma pessoa sedenta que anseia por água. O salmista sentiu esse anseio intenso e escreveu: *Assim como a corça anseia pelas águas correntes, também minha alma anseia por ti, ó Deus! Minha alma tem sede de Deus* (Sl 42.1,2). A resposta de Deus para você é: *Vem!* [...] *Vem! Quem tem sede, venha; e quem quiser, receba de graça a água da vida* (Ap 22.17). Deus deseja que você tenha tal abundância da água do Espírito que fique mais que satisfeito. A água do Espírito irá jorrar de dentro de você como uma fonte alimentada por um poço artesiano (Jo 4.14). Quando você estiver assim cheio do Espírito, será impossível esconder esse fato, e as pessoas sedentas ao seu redor virão e serão abençoadas por meio da sua vida.

Jesus desejava que seus discípulos fossem cheios do Espírito. Jesus lhes disse que era necessário que ele partisse para que pudesse enviar-lhes o Espírito Santo (Jo 16.7). Ele lhes disse que era melhor serem cheios do Espírito do que estar na companhia do Cristo encarnado. Jesus também disse que aqueles que orassem com fé fariam maiores coisas que ele porque ele iria para o Pai e de lá enviaria o Espírito Santo para eles (Jo 14.12; 16.7).

Você está sedento para que mais do Espírito de Deus possa encher sua vida e fluir para outros? Ouça Jesus: *Se alguém tem sede, venha a mim e beba. Como diz a Escritura, rios de água viva correrão do interior de quem crê em mim. Ele disse isso referindo-se ao Espírito que os que nele cressem haveriam de recebe*r (Jo 7.37-39). Se *alguém* tem sede. Ele fala de você. Você tem sede de ser grandemente usado por Deus? Então este livro é para você. Você pode ser imensamente satisfeito, cheio até transbordar do Espírito.

Você sabe a razão por que com tanta frequência tem fome e sede de ser cheio com o Espírito? Deus o criou assim. Deus o criou com um

Mais do teu Espírito

Mais do teu Espírito, meu grande querer –
Por isto tenho fome e peço teu poder.
Mais da tua presença habitando em mim,
Mais da tua beleza brilhando em mim,
Mais de tuas bênçãos em todas as formas,
Mais do teu guiar em todas as horas!

Mais do teu Espírito e todo o seu poder,
Mais da plenitude em cada dia e hora,
Mais de seu triunfante, santo poder,
Completa presença em todas as horas,
Mais desse Espírito que amo,
Mais do Espírito – por isso eu clamo!

Mais do fogo santo do teu Espírito –
Oh, tu conheces meus mais profundos desejos!
Mais, ainda mais de tua glória quero ver,
Mais da *Shekinah* eu quero conhecer!
Sela todo o meu ministério agora, eu peço;
Sela com tua glória minha vida hoje.

Mais do teu Espírito é o que preciso –
Por isso anseio, por isso suplico!
Derrama-o, Senhor, pois eu te adoro;
Que ele venha sobre mim enquanto oro!
Preciso dele, sim, cada vez mais;
Enche-me, Senhor, com tua paz

WESLEY L. DUEWEL

espírito e com um corpo, de modo que seu Espírito possa enchê-lo. Você jamais será completo até ser cheio do Espírito; enquanto isso, você experimentará em alguma medida um sentimento de inquietação espiritual. Quão maravilhosos são o amor e a graça de Deus, pois ele escolheu criar você à sua própria imagem, de modo que você, sua criatura, pudesse ter comunhão com ele, seu Criador. Mas você não foi criado apenas para ter comunhão; foi criado para ser habitado por seu Santo Espírito.

Ainda mais impressionante é o fato de que, quando os seres humanos se rebelam contra Deus, quando o coração deles está tão destruído pelo pecado que o Espírito não pode habitá-los, Deus ainda assim nos ama e deseja nos ter para si, deixando o caminho aberto para redimir qualquer pessoa do pecado. Ele enviou seu Filho para morrer, para nos purificar de nossos pecados, e ele enviou seu Santo Espírito para habitar em pecadores perdoados, para renovar a imagem de Deus em nós, para que possamos ser templo do Espírito Santo. Somente o Espírito de Deus pode nos fazer santos. Em meio a nosso mundo maligno, Deus ainda deseja que sejamos santos, assim como ele é Santo (1Pe 1.15,16; 1Jo 3.3; 4.17), e isso só se torna possível quando seu Espírito nos enche.

A vontade de Deus para nós é que sejamos cheios do seu Espírito. *Por isso, não sejais insensatos, mas entendei qual é a vontade do Senhor.* [...] *enchei-vos do Espírito* (Ef 5.17,18). *A vontade de Deus para vós é esta: a vossa santificação* (1Ts 4.3). *Porque a promessa é para vós* (At 2. 39). *E o próprio Deus de paz vos santifique completamente, e o vosso espírito, alma e corpo sejam mantidos plenamente irrepreensíveis para a vinda de nosso Senhor Jesus Cristo. Quem vos chamou é fiel, e ele também o fará* (1Ts 5.23,24).

Isso tudo parece quase bom demais para ser verdade? Essa experiência está disponível para todos? Sim, de fato, essa é a vontade de Deus para *você*. Realmente, é o seu mandamento para *você*, decretado tanto no Antigo como no Novo Testamentos (Lv 11.44;

1Pe 1.15,16). Antes de você nascer, até mesmo antes de o mundo ser criado, Deus planejou que você fosse cheio do Espírito e santo.

Não nos surpreende que Paulo se enchesse de louvor a Deus. *Bendito seja o Deus e Pai de nosso Senhor Jesus Cristo, que nos abençoou com todas as bênçãos espirituais nas regiões celestiais em Cristo; como também nos elegeu nele, antes da fundação do mundo, para sermos santos e irrepreensíveis diante dele em amor* (Ef 1.3,4). Cristo reconciliou você por meio do *corpo da sua carne, pela morte, a fim de vos apresentar santos, inculpáveis e irrepreensíveis* (Cl 1.22). Talvez você responda que isso será verdadeiro no céu. É claro que sim. Mas isso se inicia aqui nesta vida, ou nunca se tornará uma realidade para você no céu. [Deus] *nos fez surgir uma salvação poderosa [...] e lembrar-se [...] do juramento que fez a Abraão, nosso pai, de conceder-nos que, libertados da mão de nossos inimigos, o cultuássemos sem medo, em santidade e justiça em sua presença, todos os dias da nossa vida* (Lc 1.69,72-75).

Nós não podemos ser leais ao coração de Deus Pai, ao sangue derramado do Filho de Deus ou ao ministério de Deus Espírito Santo, a menos que tenhamos, vivamos e proclamemos essa salvação plena e livre – por meio de uma vida cheia do Espírito e santa. Desonramos e difamamos o Deus santo se sugerimos que ele se agrada de habitar em um coração que não seja santo, que não queira submeter-se a ele. Por nos amar infinitamente e desejar constantemente nossa comunhão, como poderia ele se satisfazer com uma entrega incompleta, uma vitória incompleta, de alguém que o ama? Não são a graça, o poder e o amor de Deus suficientes para satisfazer as necessidades de qualquer pessoa? Não são eles suficientes para suprir suas necessidades? Sim, graças a Deus, eles são.

Deus tem poder para cumprir sua Palavra

Nosso Deus nos ordena
Que devemos ser santos;
Pode sua poderosa mão
Conceder-nos pureza?
Deus não nos ordena
O que não podemos ser.
Sua santidade ele irá nos conceder
Até sermos como ele.

Nosso Deus nos promete
Que podemos ser santos.
Dele não procedem palavras vazias;
Assim, sua promessa se cumprirá,
Todo o seu plano se realizará
E ele nos fará santos.
Deus enviou seu Santo Espírito
Para nos transformar.

Deus lhe dará seu Espírito
Para purificá-lo e capacitá-lo.
Precisamos dele para viver
Uma vida santa a cada hora.
Sua promessa é para todos
Que receberem sua Palavra.
Senhor, somos teus filhos;
Cremos em tua promessa.

Faze-nos puros até nos tornarmos
A noiva sem mácula do Salvador,
Até ganharmos a sua beleza
Para vivermos com o Senhor.
A beleza de tua santidade
Tu concedes à nossa história,
Até o dia em que, sendo tua noiva,
Mostraremos a tua glória.

WESLEY L. DUEWEL

Esta é sua maior necessidade

A maior necessidade da igreja hoje é de pessoas cheias do Espírito. A igreja perdeu seu primeiro amor (Ap 2.4) e perdeu seu primeiro poder. Como resultado, ela perdeu sua taxa de crescimento sobrenatural. Pode-se dizer hoje em dia que são poucos os lugares em que o Senhor está acrescentando à igreja dia após dia os que estão sendo salvos (At 2.47). A igreja de nossa geração enfrenta uma oportunidade maior, uma necessidade maior e um desafio maior do que a igreja de qualquer outra geração anterior. Porém, como a glória de Deus se afastou imensamente de nossas igrejas! Assim como Israel perdeu a presença da glória de Deus (1Sm 4.21), da mesma forma *Icabode* ("a glória se foi") poderia ser gravada sobre a porta de muitos lugares de adoração hoje em dia.

Nossa época secularizada e materialista perdeu a consciência de Deus. Para este mundo ser salvo do inevitável julgamento de Deus e escapar do caos da autodestruição, devemos nos humilhar diante de Deus. Nossa geração somente buscará a Deus quando enxergar novas demonstrações da realidade de Deus, de sua presença e poder em seu povo, individualmente e como igreja. Portanto, a igreja precisa ser reavivada. Precisamos de uma nova visitação de Deus.

A responsabilidade da igreja em nossa geração é maior do que a das gerações anteriores. A população da terra está se multiplicando

CHEIO DE DEUS, CHEIO DO ESPÍRITO

rapidamente, e muitos milhões de pessoas a mais do que nas gerações anteriores esperam por ser alcançadas com a mensagem de Cristo. Milhões de pessoas hoje em dia são militantes contrários a Deus. Nunca, na história humana, como hoje, o ateísmo tem recebido o apoio de organizações governamentais, como na época do comunismo. O sangue de um mundo não alcançado muito maior repousa sobre a igreja de hoje, mais do que em qualquer outra época (Ez 3.18).

A igreja até então nunca havia deparado com oportunidades tão tremendas como hoje. Nunca houve um percentual tão grande da população mundial capaz de ler e escrever como hoje – e a alfabetização continua a crescer rapidamente. Assim, mais pessoas do que nunca podem ler a Palavra e literatura cristã por si mesmas. Nunca foi possível para o cristão que testemunha alcançar tantos lugares da terra tão rápida e convenientemente como hoje. A televisão, o rádio e a internet alcançam todo o globo. Recursos audiovisuais, tais como *slides*, filmes, vídeos e mesmo televisão estão disponíveis para uso evangelístico como nunca.

Graças a Deus pelos milhões de verdadeiros filhos de Deus ao redor do mundo. Graças a Deus por cada igreja e organização que efetivamente pregam o evangelho de Jesus Cristo. Mas, apesar de a igreja poder ser encontrada em muitos mais lugares que antes, em sua maior parte ela está adormecida – morna, sem vida e sem poder. Não estamos impactando a nossa geração como a igreja primitiva, que, apesar de ser em pequeno número, impactou as pessoas do seu tempo.

Onde o reavivamento deve começar? Ele só poderá vir por meio daqueles que já conhecem o poder transformador de Jesus Cristo. O reavivamento só virá de Deus e somente por meio de seu povo (2Cr 7.14). Sua igreja experimenta um avivamento contínuo hoje? E você? A igreja é um reflexo de seus membros individuais – de mim e de você.

ESTA É SUA MAIOR NECESSIDADE

A igreja somente arderá por Deus quando eu e você estivermos em chamas por Deus. A igreja será poderosa em Deus na medida em que eu e você formos poderosos em Deus. A igreja não será mais cheia do Espírito do que eu e você formos cheios do Espírito. Todos temos lido o relato da igreja primitiva em Atos dos Apóstolos. Deus não é o mesmo hoje? Temos mais exemplos de homens e mulheres piedosos para animar nossa fé do que a igreja primitiva possuía. Sabemos mais sobre o significado do avivamento do que os apóstolos do século 1 sabiam. Temos muito mais pessoas que oram hoje em dia do que a igreja primitiva possuía. Temos mais orações ainda não respondidas estocadas nos céus, apenas aguardando que as clamemos e as liberemos com santo poder do que qualquer geração anterior de cristãos (Ap 8.1-5). Se os apóstolos foram privilegiados ao colher do trabalho daqueles que vieram antes deles (Jo 4.38), pense nos trabalhos e orações tremendos que teremos o privilégio de colher em nosso século 21.

Qual é a diferença? As promessas de Deus não são para nós hoje? Esta não é ainda a dispensação do Espírito Santo? Deus não prometeu derramar seu Espírito nos últimos dias sobre todo o seu povo? Sim, *nos últimos dias*, diz Deus, *derramarei do meu Espírito sobre todas as pessoas* (At 2.17). A necessidade humana é exatamente a mesma ou ainda maior do que antes. Deus é exatamente o mesmo Deus que sempre foi. Qual é a diferença?

Só existe uma única resposta. Mesmo havendo mais pessoas professando a fé cristã do que antes, mesmo que nosso conhecimento teológico seja maior do que o da igreja primitiva, e mesmo que tenhamos um registro maior de exemplos da obra poderosa do Espírito em biografias de cristãos e na História do que a igreja primitiva jamais sonhou, nós não temos tanto da presença e do poder de Deus. Não somos tão cheios do Espírito como Deus anseia que sejamos.

Há somente uma única oração que podemos fazer pela igreja: "Senhor, envia um reavivamento e comece em mim. Vem sobre tua igreja mais uma vez com todo o teu poder. Envia tua *Shekinah* gloriosa para o meio de nós mais uma vez". E existe apenas uma única fome que deve encher o seu coração e o meu acima de tudo que tenhamos conhecido: "Senhor, enche-me mais e mais com teu Espírito. Enche-me mais com teu Espírito de um modo que eu jamais tenha experimentado".

Não importa qual experiência da graça de Deus você tenha experimentado, necessita mais do Espírito Santo. Se você nunca experimentou a plenitude do Espírito Santo, esta é a sua maior necessidade. Se tem tido a graciosa experiência de uma crise em que seu coração está sendo purificado e capacitado pelo Espírito de Deus, mesmo assim sua maior necessidade é por mais do Espírito Santo. Este livro tem uma mensagem para você. Você manterá seu coração aberto para tudo o que Deus deseja dizer a você? Certo dia, estando eu às margens de um rio cada vez mais cheio à medida que se aproximava do oceano, com uma forte correnteza, escrevi as seguintes palavras de oração:

Purifica, poderosa enchente!

Envia teu avivamento como grande cheia;
Correntes de bênçãos que limpem tua igreja.
Cobre-nos todos, como as ondas do mar;
Varre todo o pecado, de todo lugar.

Envia, Senhor, santa chuva de Deus,
Traze nuvens carregadas sobre todos os teus.
Que haja relâmpagos na igreja e além;
Fala como trovão, ó Espírito de Deus!

Enche as igrejas com rios de poder;
Renova teus filhos nesta hora sagrada!
O lixo e o pecado vem, pois, remover;
Atira ao mar o que te desagrada!

Nossa frieza e debilidade
Tu podes curar em tua bondade.
O pecado escondido no meio do povo
Purifica, Senhor, e traze um renovo.

Envia o avivamento a todas as partes;
Enche de bênçãos o povo que é teu.
Varre com poder, poderosa correnteza!
Varre em plenitude, ó rio de Deus!

WESLEY L. DUEWEL

{3}

As imagens que Deus usa

A obra de Deus em nosso coração é tão gloriosa que as Escrituras usam muitos termos, imagens e ilustrações para descrevê-la. É impossível pregar o evangelho de maneira completa se usarmos unicamente uma dessas muitas imagens, pois a inteireza do evangelho consiste no uso equilibrado de todas elas.

A linguagem e a experiência humanas são finitas, assim como temos um corpo e um espírito finitos. Porém, nosso espírito finito se relaciona com o infinito Espírito de Deus, pois somos criados à imagem de Deus (Gn 1.27). Não existe conflito entre o infinito e o finito; o finito se baseia no infinito e depende dele. Quando o infinito Espírito de Deus habita, domina e trabalha em nossa alma finita, essa obra partilha da grandeza, glória e infinitude de Deus. Nenhuma palavra humana consegue expressar adequadamente a obra de Deus em nossa alma, e nenhuma ilustração humana consegue explicá-la adequadamente.

O Deus Espírito Santo usa uma variedade de palavras e imagens para descrever o novo nascimento, a primeira grande obra de Deus em nós. Ele é chamado de o perdão dos pecados (At 10.43) e o passar da morte para a vida (1Jo 3.14), da escuridão para a luz (Ef 5.8) e do poder de Satanás para Deus (At 26.18). É ser nascido de Deus (1Jo 5.4) e do Espírito (Jo 3.5,6), é receber vida com

CHEIO DE DEUS, CHEIO DO ESPÍRITO

Cristo (Cl 2.13), sendo isso chamado *salvação* (At 4.12). Envolve ser justificado pela fé (Rm 3.28), ser adotado na família de Deus (Ef 1.5), ter nossos pecados apagados (Is 43.25) ou removidos de nós para tão longe como o Ocidente é do Oriente (Sl 103.12), ter paz com Deus (Rm 5.1) e receber o testemunho do Espírito de que somos filhos de Deus (Rm 8.16). É ser vivificado espiritual-mente (Ef 2.5), regenerado (nascido de novo, Tt 3.5), ser lavado dos pecados (Ap 22.14), perdoado (Mq 7.18) e liberto das trevas.

Da mesma maneira, Deus usa uma variedade de palavras e ima-gens para descrever a natureza pecaminosa (Rm 8.5) com a qual nascemos, a natureza que herdamos de Adão por causa do seu pecado. As pessoas se referem a este como sendo o pecado origi-nal, nossa natureza adâmica, ou simplesmente nossa carnalidade. A Bíblia a chama de velha natureza (6.6), o velho homem, a lei do pecado e da morte (8.2), a natureza pecaminosa (8.5), a carne, a mente carnal, a mente pecaminosa (v. 7; em português, "carne" é também usada para se referir à carne do corpo), o pecado (no sin-gular, diferentemente de "pecados", no plural), o corpo do pecado (6.6), a lei do pecado (7.23).

A Bíblia nos ensina que no corpo do filho de Deus nascido de novo permanece essa condição pecaminosa com a qual todo ser humano nasce. O perdão dos pecados, a obra regeneradora do Espírito e a ação justificadora de Cristo nos libertam da culpa e da penalidade do pecado, mas não da habitação da natureza pecaminosa.

O cristão novo convertido é nascido do Espírito, mas não é cheio do Espírito até ele ou ela o pedir e receber. A Bíblia nos ensina que existe uma grande crise de comprometimento de nossa alma, uma obra de purificação do Espírito Santo mais profunda e maior em nosso coração como crentes. As Escrituras também estão reple-tas de uma enorme quantidade de termos expressivos e de ima-gens para descrevê-la. Repito, todas são úteis, mas nenhum termo e nenhuma ilustração são adequados em si. Deus é maior do que todos os seus atributos, e ser cheio do Espírito é maior do que todos os termos que a Bíblia utiliza para descrevê-lo.

A psicologia da Gestalt nos ensinou que o todo é sempre maior do que a soma de suas partes. É famosa a história dos seis cegos indianos que foram examinar um elefante, e cada um tocou determinada parte do animal. Cada um insistia que ele sabia agora, por experiência, como era um elefante. Mas aquele que agarrou a cauda pensava que o elefante era como uma corda, e o que colocou os seus braços ao redor da perna do elefante pensou que ele fosse como uma árvore. O que sentiu o lado do elefante pensou que ele fosse igual a uma parede, enquanto o que agarrou a tromba do elefante estava igualmente certo de que o elefante era como uma cobra. Cada um possuía uma parte do verdadeiro conhecimento, cada um estava certo de que possuía a última palavra, e ainda assim é impressionante como cada homem carecia do conhecimento completo do que é um elefante.

Esses homens são como alguns sinceros, mas equivocados filhos de Deus que vivem argumentando sobre "chiboletes" e vários outros aspectos da verdade divina. Deus é maior do que todas as palavras que podemos usar para descrevê-lo. Ele foi condescendente ao se revelar a nós, e isso somente é possível porque os seres humanos são pessoais, assim como Deus é pessoal. Podemos entendê-lo pelos termos que conhecemos e pelas experiências que tivemos. Salomão reconheceu que nenhum templo poderia conter todo o ser de Deus, e ainda assim Deus poderia habitar no templo (1Rs 8.27). Qualquer coisa que Deus é ou faz é maior do que nosso poder para descrevê-lo. Nenhuma descrição humana é adequada para retratar a plenitude da realidade divina. As palavras iluminam nossa mente e nosso coração, abençoam nossa alma e nos ajudam a compreender, mas devemos nos lembrar de suas limitações.

Quão equivocados alguns sinceros filhos de Deus têm sido ao argumentarem com respeito a termos e ilustrações para descrever

CHEIO DE DEUS, CHEIO DO ESPÍRITO

a obra de Deus em nós. Quantas discussões nada santas têm acontecido a respeito da doutrina e da experiência da santidade. Porque Deus conhece muito melhor do que nós como nossas palavras e experiências humanas são, ele é generoso nos termos e nas imagens que nos dá. Exagerar ou negligenciar qualquer uma delas significa abrir uma lacuna na inteireza da revelação divina, colocar-nos de forma inadequada em nossa experiência pessoal da graça de Deus, formularmos uma doutrina deficiente e fazermos uma apresentação incompleta do evangelho.

Essa experiência cristã subsequente tem sido chamada por vários nomes pelos mestres da Bíblia: a vida profunda, a vida vitoriosa, a vida maior, a vida consagrada, entrega completa, a vida de entrega total, a vida de completa consagração, a vida quieta, a vida crucificada, o descanso da fé, a segunda bênção (este é talvez um dos mais infelizes termos, pois há milhares de bênçãos na vida cristã, e essa grande obra do Espírito Santo é muito mais do que uma bênção), e outras.

Muitos termos bíblicos são usados para descrever a gloriosa experiência proporcionada pela morte de Cristo. Estude as referências que se seguem, observando como essa doutrina se encontra vez após vez na Palavra de Deus. O Espírito Santo se esforça para enfatizar a urgência com que cada filho de Deus deve experimentar a graça de Deus.

- *Purificação de todo pecado*: "pecados" individuais – sempre no plural – são perdoados, mas a fonte, ou natureza pecaminosa – sempre no singular (1Jo 1.7) – precisa ser purificada. Nossos pecados podem ser perdoados; nossa natureza pecaminosa pode ser purificada.
- *Crucificado com Cristo*: (Rm 6.6; Gl 2.20); i.e., de modo que a vida do eu carnal, a natureza pecaminosa, está morta (Rm 6.11).
- *Batizado com o Espírito Santo*: (Mt 3.11; At 1.5; 11.16).

- *Cheio do Espírito Santo*: (At 2.4; 4.31; 13.52; Ef 5.18). Isso resulta de uma pessoa ser "cheia" do Espírito Santo (At 6.3,5,8; 7.55; 11.24). Uma pessoa pode ser cheia de toda a plenitude de Deus (Ef 3.19; 4.13).
- *Santidade*: (Rm 6.19,22; 2Co 7.1; Ef 4.24; 1Ts 3.13; 4.7; Hb 12.14). Compare também o uso de "santo" – (Rm 12.1; Ef 1.4; 5.27; Cl 1.22; 3.12; 1Pe 1.15,16; 2.5; 2Pe 3.11).
- *Santificação completa*: *E o próprio Deus de paz vos santifique completamente* (1Ts 5.23).
- *Outros textos sobre santificação*: (Jo 17.17,19; At 20.32; 26.18; 1Co 1.30; Ef 5.26; 1Ts 4.3; 5.23; 2Tm 2.21; Hb 2.11; 10.10,14; 1Pe 1.2).
- *Coração puro, purificado*: (Sl 51.2,7,10; Ez 36.25,26; At 15.9; 2Co 7.1; Ef 5.26; Tt 2.14; Tg 4.8; 1Pe 1.22; 1Jo 1.7,9; 3.3).
- *Perfeição*: (Hb 10.14). Compare (Mt 5.48; 2Co 13.9,11; Ef 4.12,13; Cl 1.28; Hb 12.23). Nós não somos nunca perfeitos em nossos pensamentos e ações, mas podemos ser aperfeiçoados no amor – (1Jo 2.5; 4.12,17,18).

Ser cheio do Espírito significa morrer para si mesmo, para receber uma vida espiritual abundante. É a circuncisão do coração e a crucificação do velho eu. É ser batizado com o Espírito Santo e com fogo. É o purificar da alma e o eliminar de toda amargura. É a purificação de todo pecado e o aperfeiçoamento no amor. Tudo isso é gloriosamente verdadeiro, mas ainda a experiência da obra graciosa de Deus é maior do que todos os termos e imagens juntos. A linguagem humana não pode retratar adequadamente a grandeza da obra de Deus.

Anunciar essa experiência como sendo em primeiro lugar a doutrina de qualquer igreja em particular, organização ou pessoa, está errado. Não queiramos construir nossos argumentos teológicos com o prestígio de seres humanos, mas, em vez disso, na Escritura e nas

A vida cheia do Espírito

Vida cheia do Espírito! Você dela está cheio? Está cheio?
Viver no Espírito é seu maior anseio?
Ó filho do Rei, ele vem sobre você?
Ele reina em sua vida, todos podem sentir
Que a imagem de Cristo se reflete em seu ser?

Ele limpa sua alma como as ondas do mar?
O Espírito conduz seu andar, seu falar?
Ele adoça o coração, tranquiliza o seu ser?
Ele guia sua vida e alegra o viver?
Não é o maior privilégio ser guiado por Deus?

Ele está perto de você a cada hora, junto de você?
Ele o fortalece, nele você permanece?
Ele mostra a você o que deve fazer
Por meio da graça e do poder do Crucificado?
Ele testemunha a você do Filho glorificado?

Ele o tem purificado com o fogo do alto?
Ele domina sua mente, é seu primeiro amor?
Você ama servi-lo e sacrificar-se por ele?
Fazer a vontade dele é o seu comer e beber?
Você se alegra em cumprir seu querer?

Ele o tem libertado do egoísmo e da ganância?
Você tem socorrido seu irmão em necessidade?
Como soldado de Cristo, tem perseverado?
Sua esperança no Senhor permanece imutável?
Tem sido paciente, humilde, gentil e puro?

Que sua vida seja cheia do Espírito,
Que em sua alma a *Shekinah* brilhe cada vez mais;
Vivendo nas tempestades com o coração calmo,
Vivendo cheio do bendito Espírito;
Essa é a vontade de Deus para você.

GEORGE B. KULP

palavras da Escritura. John Wesley declarou que o uso do termo exato não é a questão principal.[1] Ele disse:

> "Evite todas as palavras pomposas e grandiosas; de fato, você não precisa dar a ela um nome – nem perfeição, nem santificação, nem o de segunda bênção".[2] Deixe as pessoas chamarem a gloriosa graça de Deus por qualquer termo bíblico de sua preferência; que nossa principal preocupação seja pregá-la, vivê-la e manifestá-la tão clara e alegremente que outras pessoas queiram obter a plenitude, a liberdade e a libertação que vêm do Espírito.

Eu escolhi "cheio do Espírito" porque temo o perigo de enfatizarmos qualquer experiência, quer a do novo nascimento quer a da santificação, como sendo a "mais importante", mais importante que o próprio Deus, que é a fonte de todas elas. Corremos o risco de nos gloriarmos mais no "mais importante" do que nele, de repousarmos nossa fé sobre uma experiência da graça de Deus em vez de em Deus. A expressão "vida cheia do Espírito" coloca a ênfase no Espírito Santo e em seu relacionamento conosco. Não há santidade sem ele.

---

[1] *The works of John Wesley*, Diários, 31/12/1760 – 13/09/1773, 3:54.
[2] Ibidem. "Of christian perfection", 11:508.

Deus: a fonte da vida cheia do Espírito

A humanidade em sua grande maioria esqueceu-se de Deus. Nunca tivemos tanta consciência do poder do que nesta época de energia atômica, mas nós quase nos esquecemos do imenso poder de Deus. As pessoas possuem pouca reverência por Deus. Mesmo muitos cristãos falam de Deus de modo casual e familiar. Temos nos esquecido do significado da santidade de Deus. Deus anunciou a Moisés: *Eu, o Senhor vosso Deus, sou santo* (Lv 19.2). Se esse Deus santo é a fonte da vida cheia do Espírito, a principal característica da vida cheia do Espírito é a santidade e o poder de Deus.

A palavra hebraica *qodesh* significa separação, santidade, perfeição. Aquilo que é santo é separado para Deus e consagrado a Deus. Uma pessoa santa é separada do pecado e separada para Deus. Ela é pura como Jesus é puro (1Jo 3.3). Algumas traduções da Bíblia usam "santo" e outras usam "sagrado" para traduzir a palavra que significa separar para Deus.

Alguma vez você já apreendeu a visão da santidade de Deus? Poucos apreendem essa visão de Deus como ele deseja que façamos. No Antigo Testamento, o lugar onde Deus se encontrava com o homem era chamado de terra santa (Êx 3.5). O templo de Deus era santo (Sl 5.7). Nele havia um Lugar Santo e um Lugar Santíssimo, onde Deus revelava a si mesmo (Êx 26.33). Todas as coisas associadas à adoração de Deus no Antigo Testamento eram denominadas "santas"; por exemplo, os utensílios sagrados (1Rs 8.4) e o altar santíssimo (Êx 29.37).

Leis estritas regiam a aproximação de um Deus santo. Os sacerdotes vestiam vestes sagradas (Êx 28.2) e eram ungidos com o óleo sagrado para as unções (30.25), incenso sagrado (v. 35) e água sagrada (Nm 5.17). Eles ofereciam ofertas sagradas (Êx 28.38). A arca era sagrada (2Cr 35.3), bem como o dízimo (Lv 27.30). Os profetas eram denominados santos (Lc 1.70), do mesmo modo que os apóstolos do Novo Testamento eram chamados santos (Ef 3.5). O sábado era um dia sagrado (Êx 16.23), e nele os adoradores de Deus deveriam ser santificados (Lv 20.7,8) e adorar a Deus no esplendor de sua santidade (1Cr 16.29).

Todas as coisas relacionadas a Deus são consideradas sagradas. Sua santa aliança (Lc 1.72) e suas santas promessas (Sl 105.42) foram registradas em suas Escrituras Sagradas (Rm 1.2) por escritores santos que foram conduzidos pelo Espírito Santo (2Pe 1.21). Deus habita em seu santo céu (Sl 20.6) e se assenta em um santo trono (Sl 47.8), onde ele é servido por santos anjos (Mc 8.38). Vinte e cinco vezes a Bíblia diz que o nome de Deus é santo; 51 vezes ele é chamado *o Santo de Israel*.

Deus Pai é chamado de Pai santo (Jo 17.11), Deus Filho é chamado de santo servo de Deus (At 4.27) e o Espírito Santo é repetidamente (pelo menos 83 vezes) chamado santo. Dia e noite, quando a bendita Trindade é adorada nos céus, os serafins (Is 6.3) e outros seres celestiais (Ap 4.8) bradam em reverente e amorosa adoração: *Santo, santo, santo*. A Bíblia enfatiza a santidade de Deus mais do que qualquer outro atributo, até mais que seu amor. Sua santidade é a fonte de todos os seus outros atributos.

A santidade de Deus é também simbolizada pelo fogo santo que é frequentemente retratado como rodeando-o ou procedendo dele (Hb 12.29: *nosso Deus é fogo que consome*). Deus revelou-se

DEUS: A FONTE DA VIDA CHEIA DO ESPÍRITO

primeiramente a Moisés como fogo (Êx 3.2), e ele desceu ao Sinai em fogo santo (19.18). A visão da glória do Senhor no Sinai foi como *fogo que consome* (24.16,17). A montanha *ardia em fogo até o meio do céu* (Dt 4.11), e Deus falava do meio do fogo (v. 12). Quando o povo via e ouvia, tremia de medo e ficava a distância (Êx 20.18). O trono de Deus é de chamas de fogo (Dn 7.9), e um rio de fogo flui de diante dele (v. 10). Sete lâmpadas de fogo ardem diante do trono de Deus (Ap 4.5), assim como um mar de vidro misturado com fogo (15.2).

Quando Moisés gastou quarenta dias na presença de seu santo Deus, o seu rosto brilhava, e as pessoas temiam aproximar-se dele (Êx 34.29-35). Quando Isaías teve uma visão da santidade de Deus, ele clamou: *Ai de mim! Estou perdido; porque sou homem de lábios impuros* (Is 6.5). Até mesmo o santo profeta sentiu sua falta de santidade na presença de Deus! Assim que Ezequiel viu o Deus santo com fogo que procedia dele, ele caiu com o rosto em terra (Ez 1.26-28). Daniel viu em visão a face e os olhos de Deus como chamas de fogo e caiu desamparado com seu rosto no chão (Dn 8.17,18). Quando Pedro viu o santo poder de Cristo, ele caiu aos pés de Jesus, dizendo: *Afasta-te de mim, Senhor, porque sou um homem pecador!* (Lc 5.8). Quando Cristo foi transfigurado em glória, seus discípulos caíram de bruços diante dele (Mt 17.6). Quando Saulo teve a visão de Cristo, ele caiu cego no chão (At 9.3,4). Até mesmo João, o discípulo amado que apoiava sua cabeça sobre o peito de Jesus, quando viu a glória santa de Cristo com seus olhos flamejantes e pés como o metal reluzente, caiu aos pés de Jesus como se estivesse morto (Ap 1.13-17).

Quem seria presunçoso a ponto de querer se colocar em pé diante de um Deus tão santo e insistir que não seria realmente a vontade de Deus que os seres humanos fossem santos? Sete vezes na Bíblia Deus diz *Eu sou santo*, e em cada uma delas ele acrescenta *sejam santos*. Quem seria presunçoso a ponto de achar que poderia

CHEIO DE DEUS, CHEIO DO ESPÍRITO

continuar sendo teimoso e insistir em fazer as coisas do seu jeito, inclinando-se para a sua própria natureza pecaminosa, e ainda querer ser cheio do Espírito Santo?

Poderia esse Deus soberano e santo tolerar que o pecado reine sem ser desafiado no coração de algum de seus filhos? O Deus da Bíblia deve providenciar uma redenção adequada que destrua as obras do diabo (1Jo 3.8). Esse Deus perfeito não poderia providenciar nada menos que uma redenção perfeita. Ele não poderia ficar satisfeito, a menos que pudesse aperfeiçoar a santidade em cada um de seus filhos obedientes (2Co 7.1). O grande Criador que nos fez à sua própria imagem de santidade não poderia fazer menos que providenciar uma redenção que nos purificasse de todo pecado. Ele jamais se permitiria ser derrotado por Satanás e nunca permitiria que o pecado se tornasse a norma na vida de um cristão obediente.

Deus providenciaria o milagre do novo nascimento sem providenciar nada que lidasse com a natureza pecaminosa, a carnalidade que é hostil à lei de Deus, que não se submete a ela, nem pode se submeter (Rm 8.7)? Poderia o Deus, cujo nome é zeloso (Êx 34:14; Dt 4.24), contentar-se com a afeição parcial de nosso coração dividido, permitir que mantenhamos desejos mundanos, sem afastá-los para longe de nós? Não! Ele nos ordenará amá-lo de todo o nosso coração, de toda a nossa mente e alma, e com todas as nossas forças (Dt 6.5; Mt 22.37,38). Poderia um Deus que é luz e em quem não há treva alguma (1Jo 1.5) habitar em um coração e satisfazer-se em consentir nesse coração áreas de trevas, pecado e impureza? Mil vezes não! Que Deus seja verdadeiro e todo homem mentiroso!

Se santidade é ser semelhante a Cristo, não devemos pensar em santidade apenas como um simples rótulo, um termo apenas nominal. Cristo amou a igreja e se entregou por ela para santificá-la e purificá-la. Ele ficaria satisfeito em permitir que esta permaneça manchada pela carnalidade, vestida com roupas maculadas pela natureza pecaminosa (2Pe 3.14)? Nunca! Seria uma calúnia

Sua face eu mostrarei

Pode Satanás meu espírito prender
A ponto de Cristo não poder libertar-me?
Pode o mal minha natureza cativar
Que puro não posso me tornar?
O pecado habita em mim
Produzindo amargura e dor.
Pode de Cristo jorrar salvação
Trazendo-me paz e santificação?

Como sou rebelde e teimoso!
Poderia Cristo me quebrantar?
Poderia ele obediência em mim instilar
E com poder do pecado me afastar?
Desejos maus surgem em mim
E queimam com grande paixão.
Sei que Cristo pode libertar;
Com fogo trazer santificação!

Não diga que o pecado em ti é tão forte
Que Cristo não pode vencê-lo!
Não diga não posso lutar,
Nem sentir a vitória da cruz!
Mesmo que o mal reine em mim,
Meu Senhor à vitória me conduz.
Ele conseguirá atingir seu propósito
E se mostrará vitorioso.

Apesar de eu ser um homem mortal,
Minha alma foi feita para Deus.
Aquele que começou sua obra em mim
Me limpará com seu sangue.
Ele completará sua obra em mim
Até sua imagem em mim espelhar.
Meu Cristo não desistirá;
Até em mim sua face mostrar!

WESLEY L. DUEWEL

contra Deus Pai, o Deus Filho e o Deus Espírito Santo negar o fato de que, quando Deus nos enche dele mesmo, ele nos purifica de todo pecado. Quando Deus nos dá seu poder, ele nos capacita para cumprirmos seus mandamentos e sermos santos perante ele todos os dias da nossa vida (Lc 1.75). O propósito do Calvário foi satisfazer completamente nossa necessidade espiritual. Deus Filho não teria morrido fora dos portões da cidade pela nossa santificação (Hb 13.12) que fosse um mero "chibolete", uma salvação incompleta, que nada conquistou, mas apenas uma purificação nominal.

O estado pecaminoso do coração carnal é uma abominação aos olhos santos de Deus. Quando nos recusamos a aceitar sua graça purificadora, insultamos seu santo amor. Todas as desculpas que damos para permanecermos em nossa teimosia tornam-se um desafio à santa vontade de Deus, uma ofensa ao caráter de Deus. Que ele nos purifique de todo o pecado (Ef 5.25-27)!

{5}

A humanidade: seres criados para serem cheios do Espírito

Você alguma vez já compreendeu a maravilha que foi Deus nos ter criado à sua própria imagem (Gn 1.26,27)? O propósito de Deus foi o de criar-nos como seres morais com quem ele pudesse viver em comunhão e em quem ele poderia habitar. Assim, foi necessário que Deus criasse seres humanos com um espírito pessoal finito, porque Deus mesmo é um Espírito pessoal infinito. Deus só pode habitar em nós porque tanto ele como nós somos seres espirituais pessoais. Fomos criados para sermos cheios do Espírito, santos e vivermos em santa comunhão com o Deus santo. Que amor maravilhoso! E, porque fomos criados para sermos cheios do Espírito, não poderemos jamais nos sentir espiritualmente satisfeitos até sermos cheios do Espírito.

Somente Deus é originariamente santo; a santidade humana deriva-se da santidade de Deus. Assim como o amor não é uma substância material, não existe uma "coisa" material chamada "santidade". Santidade é a santa natureza de Deus somente, e os seres humanos somente possuem santidade quando são habitados pelo Deus santo.

Meu Deus decidiu habitar em mim

Será que o Criador dos céus e da terra
Mora neste humilde coração?
Vejam! O grande criador
Quis fazer de mim sua habitação!

Será que o Rei glorioso,
O soberano Senhor,
Habitaria em alguém tão pequeno,
Em mim que sou tão pecador?

Ele se alegraria de em mim habitar?
Chegaria a esse ponto de me amar?
Que eu lhe dê todo o meu ser.
Todos os dias, o meu viver.

Que ele me purifique por inteiro.
Prepara, Senhor, tua obra em mim.
Que ele renove meu coração
E me encha com a beleza celestial.

Que Deus me conduza por sua vontade
E aja em mim conforme seu querer.
Que eu me submeta ao que ele quiser.
Que eu o glorifique com todo o meu ser.

Vem, Santo Pai, Santo Filho,
Vem, Santo Espírito de Deus.
Ó sempre bendito Deus trino,
Habita eternamente neste filho teu.

Quão grande amor! Como pode isso ser,
Que Deus possa então por mim se mover?
Quão grande amor por mim, sem fim!
Meu Deus decidiu habitar em mim!

WESLEY L. DUEWEL

A santidade nos seres humanos não é algum tipo de graduação espiritual ou diploma a ser obtido. Deus não pôs um pouco de "santidade" em Adão quando ele o criou para depois remover aquela "santidade" quando o homem pecou.

Quando Deus criou Adão, ele lhe deu um "espírito", para que ele pudesse ser habitado pelo Espírito Santo. Desde o momento da criação de Adão e do sopro de Deus em suas narinas, Adão foi habitado pelo Espírito Santo. Ele era inocente e puro, mas não tinha a maturidade de um caráter santo, pois o caráter se desenvolve da maneira que Deus ordena, por nossa escolha em obedecer à vontade de Deus e ao dizermos "não" às tentações. Adão poderia ter rapidamente desenvolvido uma santa maturidade de caráter, mas, ao pecar, ele afastou a santa presença da habitação do Deus santo para longe de sua vida, e assim ele mesmo deixou de ser santo. Ele se tornou culpado e vazio da presença do Deus santo. A única santidade que alguém pode ter é a presença do Deus santo vivendo dentro de si, de modo que Deus expressa sua santidade por meio do espírito finito dessa pessoa. Quando o Espírito Santo a deixa, uma pessoa não possui nada, senão um espírito vazio.

Quando o pecado expulsa o Espírito Santo do coração de alguém, o Espírito Santo a deixa, mas o pecado permanece como um estado de nosso ser. Tornamo-nos ao mesmo tempo culpados e impuros. Sentimos ao mesmo tempo a culpa e o poder do pecado, pois nos tornamos um escravo do pecado. A santidade é como a luz, que se torna escuridão no momento em que a fonte da luz é removida. Desse modo, não se possui a santidade à parte da habitação do Espírito Santo.

Quando Adão pecou, ele se alinhou a Satanás contra Deus. O Espírito Santo não era mais Senhor na vida de Adão e cessou de habitar nele. No mesmo instante, Adão foi privado da santa presença de Deus e assim tornou-se depravado. Privado do Espírito Santo na presença do tentador maligno, Adão rapidamente sucumbiu a

A vergonha do pecado

Oh, trágica vergonha! Oh, profunda desgraça,
Que o homem que tinha a imagem de Deus
Tenha escolhido o pecado, fugido de sua graça,
Tornando-se desfigurado e escravo!
Veja que privilégio o homem perdeu –
A própria presença de Deus!
Para ter Deus outra vez, que preço!
Tão precioso sangue Cristo verteu!

A humanidade, antes pura e livre,
Agora curvada pelo pecado!
Veja que miséria profunda
Viver oprimido pelo diabo.
O homem, feito para Deus habitar,
Agora impuro, vive a pecar.
Satanás espalhou seu veneno
Que ao homem enfraquece e torna pequeno.

Onde antes se via a imagem de Deus,
O pecado desfigura os filhos seus.
Onde havia pureza, hoje habita a maldade.
O pecado age no eu carnal,
E agora o diabo oprime, domina,
A humanidade perdida e sem sina.

Ó minha alma, ficaste depravada,
Cheia do "eu" e do mal.
Se Cristo não morresse, serias desprezada,
Não encontrarias a salvação final.
Busca a cruz, o sangue de Cristo;
Somente assim serás purificada.
Sê livre do pecado, cheia de Deus,
E por ele afinal serás santificada.

Não hesites por nenhum segundo,
Cristo morreu pra te resgatar.

> Não discutas, renega este mundo,
> Crucifica teu eu para a ele buscar.
> Apropria-te do que ele te oferece –
> Santidade, amor e poder.
> Desse modo Cristo aparece,
> Até que em ti sua imagem possam ver.
>
> WESLEY L. DUEWEL

Satanás e tornou-se cada vez mais depravado. Os homens maus sempre se tornam cada vez piores, enganando e sendo enganados (2Tm 3.13). O pecado desenvolve um caráter pecador e torna a pessoa cada vez mais enfraquecida, cega e escravizada por ele. Nenhum pecador jamais é libertado do pecado, exceto pelo grande poder de Deus.

Mas como é uma pessoa habitada pelo pecado? Não seria ela em certo sentido habitada por Satanás? Note como Satanás faz contrafações e imita a Deus. Ele é o deus deste mundo, dos pecadores. Um pecador é tanto um filho do diabo como um crente é um filho de Deus. Assim como o coração de uma pessoa recém-convertida é em algum grau habitado pelo Espírito Santo (pois ninguém que não possui o Espírito de Cristo pertence a Cristo – Rm 8.9), o filho do diabo é em algum grau habitado por Satanás ou por um de seus espíritos pecadores, ainda que a pessoa não seja possuída ou controlada por demônios. Satanás corrompe a personalidade de uma pessoa que foi criada para ser habitada pelo Espírito Santo.

{6}

A vida de rendição e profundidade

Deus possui uma experiência mais profunda para cada cristão, uma vida de total rendição a ele, na qual o Espírito Santo torna-se seu Senhor. Eu a chamo de a vida cheia do Espírito. Da mesma maneira, Satanás tem uma experiência mais aprofundada de degeneração para o pecador, uma obra do mal na qual o pecador não é apenas um filho do diabo, mas um endemoninhado. Satanás não é onipresente; consequentemente, ele faz uso de espíritos malignos, e possessão demoníaca é quando Satanás, habitando uma pessoa, por meio de um espírito maligno, torna-se senhor da vida.

A condição para experimentar a vida cheia do Espírito é um ato de absoluta rendição à vontade de Deus e ao enchimento do Espírito Santo. A condição para experimentar uma vida possuída por um demônio é um ato de absoluta rendição a Satanás. A condição para um enchimento contínuo do Espírito Santo e de uma vida de santidade é uma obediência contínua e uma rendição ao Espírito Santo. A condição para ser continuamente possuído por um demônio é uma contínua obediência e rendição a Satanás.

Um único ato da vontade, de deliberadamente dar as costas para Deus para o pecado, pode privar alguém do Espírito Santo. Um único ato da vontade, deliberadamente dar as costas para Satanás por meio da graça de Deus e do poder do Espírito Santo, pode

CHEIO DE DEUS, CHEIO DO ESPÍRITO

trazer libertação da possessão demoníaca. Eu tenho visto o nome de Jesus expulsar um demônio rapidamente. Eu também tenho visto uma rendição temporária à vontade de Deus, em conjunto com o poder do nome de Jesus, expulsar o demônio, para então ver essa mesma pessoa tornar-se novamente possuída por ele. Aqueles de nós que lidavam com essa pessoa reconheceram que, a cada vez, a nova convulsão causada pelo demônio acontecia quando a pessoa mentia ao Espírito Santo ou se comprometia com uma falsa religião. Depois que isso aconteceu diversas vezes, a pessoa finalmente confessava: "Vocês continuam expulsando o demônio, mas eu continuo convidando-o para voltar". Assim como uma pessoa pode orar de verdade, "Vem para o meu coração, Senhor Jesus", uma pessoa pode abrir-se para que um espírito maligno entre. Trata-se de um ato de rendição da vontade.

A ênfase exagerada em Satanás e nos demônios é sempre um perigo em potencial. Satanás é mau e poderoso, mas ele é um ser limitado. Ele não pode ser comparado a Deus. Pelo contrário, ele é um anjo criado que pecou e que não pode ir além dos limites que Deus estabeleceu para ele. Ele foi derrotado no Calvário e sabe que está destinado ao lago de fogo ardente e enxofre (Ap 20.10). Seus demônios sabem que terão o mesmo destino e temem a Deus e às orações dos cristãos (Mt 8.29; Lc 8.31; Tg 4.7).

Satanás quer que coloquemos nossos olhos nele em vez de em Deus. Algumas pessoas pensam mais em Satanás do que em Deus. Isso não é nada sábio espiritualmente, porque faz que as pessoas tenham medo. Cristo repetidamente disse a seus discípulos "não tenham medo". Colocar o foco em Satanás rouba de uma pessoa alegria, bênção e liberdade espiritual.

Os demônios são tão reais da mesma maneira que o pecado é real, mas Cristo derrotou Satanás no Calvário. Você não precisa derrotá-lo, porque Jesus já o fez. E Jesus também lhe deu autoridade sobre Satanás e seus demônios (Lc 10.19). O pecado pode ser purificado de sua vida porque Cristo venceu a vitória espiritual por você. Regozije-se nele. Glorie-se em sua vitória. Você não precisa tremer diante de Satanás. Cristo em você é maior do que todo o poder do inimigo (1Jo 4.4).

Após eu ter gastado horas em jejum e oração em vão com a pessoa possuída por um demônio, um cristão nominal, ele finalmente virou-se para mim e disse: "Sua oração por mim é inútil. Você pode parar de orar. Eu me vendi a Satanás. Eu prometi que faria qualquer coisa que ele quisesse de mim!" Eu conversei com ele e lhe implorei que renunciasse a Satanás e se rendesse a Cristo, mas ele se recusou. Seu pai era um pastor, mas o jovem possuído estava flertando com uma religião não cristã. Algumas vezes, durante os ataques demoníacos, ele se tornava quase bestial, era obsceno e vil no que falava. De repente ele morreu, sem qualquer causa física aparente. Ele parecia ter morrido em razão da possessão demoníaca. Satanás o tomou para si. Aliás, poucos dos filhos de Deus são realmente cheios do Espírito Santo. E graças a Deus que, comparativamente, poucos dos filhos de Satanás são possuídos por demônios, com exceção de nações em que Satanás e os demônios são adorados.

A Queda (a escolha de Adão em pecar) destruiu a imagem moral de Deus nos seres humanos. Adão deixou de ser santo e se tornou pecador. A partir desse dia, a carne gera a carne (Jo 3.6). Mas a Queda não destruiu nossa personalidade, nossa natureza do espírito. Você e eu somos ainda o mesmo tipo de ser em nossa natureza espiritual, como Deus. Nenhuma outra criatura terrena é espírito, além dos humanos. Assim, a humanidade é ainda redimível e capaz de ser habitada por Deus. Se alguém abrir a porta, Cristo entrará (Ap 3.20). Ninguém que não possui o Espírito de Cristo pertence a Cristo (Rm 8.9).

Desse modo, o que a Escritura quer dizer quando Jesus afirma sobre o Espírito Santo: *Ele habita convosco e estará em vós* (Jo 14.17)? A Bíblia claramente indica graus de habitação, de relacionamento com Deus. Deus em sua onipotência e onipresença habita no mundo todo (At 17.28). Mas, do ponto de vista do relacionamento espiritual, ele habita somente no filho de Deus nascido de novo como Pai, mestre, testemunha e guia. O Espírito dá testemunho no coração de todo filho de Deus (Rm 8.16; 1Jo 5.10). Aqueles que são purificados e santificados pelo Espírito após uma crise de rendição completa conhecem uma nova plenitude da habitação do Espírito. Apenas eles estão de fato cheios do Espírito como Senhor. Há uma diferença entre possuir a habitação do Espírito e ser cheio do Espírito, ou seja, em experimentar seu senhorio.

O senhorio do Espírito que habita em nós permite uma nova comunhão de sua vontade com a nossa na medida em que sua vontade habita e energiza nosso espírito, na medida em que sua natureza amorosa e santa se expressa por meio de nosso espírito. Ele derrama o amor de Deus em nosso coração (Rm 5.5), enchendo-nos com seu amor. De dentro de nosso ser mais íntimo fluem rios de água viva (Jo 7.38), rios de todo o fruto do Espírito – amor, alegria, paz, paciência, benignidade, bondade, fidelidade, amabilidade e domínio próprio (Gl 5.22,23). Pessoas cheias do Espírito não somente possuem uma profunda alegria espiritual; elas se alegram no Espírito Santo (At 13.52; Rm 14.17; 15.13).

No mistério singular da encarnação de Cristo, as naturezas divina e humana de Cristo se unem, mas resultam não em uma dupla personalidade, mas em uma comunhão das naturezas. Em um sentido menor, mas maravilhosamente real, quando uma pessoa é cheia do Espírito, toda a Trindade habita naquela pessoa por meio do Espírito Santo. Não se trata de uma encarnação, mas de uma habitação gloriosamente real. Não há nenhuma dualidade de pessoas no crente cheio do Espírito, mas uma única personalidade debaixo do senhorio do Espírito Santo (Sl 86.11).

Nenhum pecador pode se sentir satisfeito com os prazeres deste mundo, porque Deus criou as pessoas com a capacidade espiritual

Habita minha personalidade

Tu criaste minha alma
Para habitares plenamente em mim?
Como escolheste meu coração?
Meu pecado me faz filho do inferno!
Ó Deus, se desejas meu coração,
Se o queres como teu trono,
Então domina cada parte,
Fazendo-me teu e teu somente!

Vem habitar em todo o meu ser;
Teu Espírito em meu espírito viver.
Eu te dou meu ser interior –
Minha mente, minha vontade e meu amor.
Vive tua natureza agora em mim
Em toda a tua santidade.
O fruto do Espírito, produz em mim,
Para que todos conheçam tua verdade.

Põe em mim teus pensamentos,
Mostra-te ao mundo em meu viver.
Sê meu Senhor em todos os momentos,
Até meu ego crucificado ser.
Que seja não mais eu vivendo,
Mas Cristo vivendo em mim.
Dá-me a tua disposição
Para dizer-te sempre "sim".

Não me gloriarei;
Sou menos que nada em mim mesmo.
Tal santidade quem me deu foi Deus;
O que tenho de bom me veio dos céus.
Ele dá vitória sobre o pecado;
Ele reina em mim em cada hora do dia.
Ele me transforma, eu sou amado;
Ele manifesta graça onde nada havia.

> Dou meu testemunho sobre Deus,
> Tudo o que me faz dia após dia.
> Ele derrama amor sobre os seus;
> Agora vivo em sua companhia.
> Não mereço louvor; toda a glória a ele,
> Que com graça abundante encheu meu ser.
> Que eu viva meus dias para exaltá-lo
> Hoje e sempre, enquanto eu viver.
>
> WESLEY L. DUEWEL

de serem habitadas pelo Espírito de Deus. Nós jamais nos sentiremos satisfeitos até que sejamos habitados pelo Espírito de Deus. Nenhum coração nascido de novo, não importando quanto espiritualmente vivo ele está, se não for santificado à vontade de Deus pela habitação da plenitude do Espírito Santo, pode deixar de desejar ser cheio do Espírito. Essa pessoa pode não reconhecer conscientemente a razão de seu desejo, mas, quanto mais a pessoa viver para Deus, mais ela sentirá fome por ser cheia do Espírito. Como é grande e santo o chamado para ser cheio do Deus Espírito Santo! É essa a sua experiência hoje?

O enchimento
do Espírito Santo

Para ser cheio do Espírito Santo, todos os filhos de Deus nascidos de novo precisam experimentar um momento definido de autorrendição a ele como um sacrifício vivo hoje e para a eternidade (Rm 12.1). O Espírito Santo, desse ponto em diante, torna-se Senhor da vida deles, e eles, como ressurretos dentre os mortos, devem deliberadamente apresentar-se a Deus (6.13), submetendo toda a sua personalidade à santidade (v. 19) por meio da habitação do Espírito Santo. Então, os benefícios que eles colherem os levarão à santidade (v. 22). Eles terão do fruto do Espírito em uma nova plenitude, na medida em que o Espírito invadir a totalidade de sua personalidade, seu ser interior (Jo 7.38,39). Mesmo que esse fruto se inicie no novo nascimento, os crentes experimentarão impedimentos para um desenvolvimento e uma manifestação plena deles, até que o coração seja purificado pelo Espírito Santo.

No momento do novo nascimento, corações arrependidos são regenerados pelo Espírito de Deus, e pessoas são adotadas na família de Deus (Ef 1.5,6) e salvas pela graça (2.3-5). Elas se tornam uma nova criação (2Co 5.17), passam da morte para a vida (Jo 5.24) e são perdoadas de todos os pecados (Cl 2.13). O Espírito testifica que agora são filhos de Deus (Rm 8.16). Muitos perguntam por que Deus não os purifica também, no mesmo instante, de

Que hoje seja a hora certa

Como podes tolerar
Impureza em tua igreja?
Como podes santificar
Quem ser puro não deseja?
Ó Salvador, vem, purifica,
Não haja mancha em nossa vida!

Como poderias te aproximar
Se insistirmos em pecar?
Como partilhar tua plenitude
Se não queremos tua virtude?
Ó Senhor, dá-nos pureza;
Assim tu queres, com certeza.

Como ser cheios do Espírito
Se amamos o pecado?
Salvação tu conquistaste;
Vive em nós o teu reinado.
Tu és o perfeito vencedor –
Triunfa em nós, ó Salvador!

Confiamos em tua Palavra;
Recebemos as promessas.
Teu chamado à santidade,
Desejamos sem reservas.
Se pedirmos sem descrer
Que hoje seja a hora certa,
Vem sobre nós com teu poder.

WESLEY L. DUEWEL

toda corrupção interior, por que Deus não destrói a natureza carnal e enche com o Espírito Santo? O Novo Testamento registra e o testemunho da vida de outros cristãos indica que não é assim que Deus trabalha.

Muitos dos filhos de Deus sabem que experimentaram o novo nascimento, sabem que o Espírito testifica com o espírito deles que eles são filhos de Deus (Rm 8.16), mas ainda assim sabem e deploram que existe uma natureza carnal dentro deles que precisa ser purificada pelo sangue de Cristo (1Jo 1.7). Há um "eu" que necessita fazer uma entrega mais profunda à vontade de Deus, uma derrota interior para a qual Cristo possui uma vitória plena, uma luta interior para a qual Cristo possui um descanso perfeito (Hb 4.1,9-11), e uma plenitude do senhorio e do ministério do Espírito que eles ainda não experimentaram. Eles sentem o Espírito chamando-os para um momento especial, uma crise de rendição, vitória, purificação, enchimento e de crescimento em poder espiritual.

Os crentes do Novo Testamento tiveram a mesma experiência com o Espírito Santo. Os apóstolos verdadeiramente nasceram de Deus. Seus nomes foram escritos no céu (Lc 10.20). Eles receberam a palavra de Cristo (Jo 17.8) e obedeceram a ela (v. 6). Jesus testificou cinco vezes que eles foram dados a ele pelo Pai (Jo 17.2,6,9,24). Ele disse ao Pai: [Eles] *são teus* (v. 9) e *neles sou glorificado* (v. 10). Duas vezes ele disse: *não são do mundo, assim como eu também não sou* (v. 14; cf. v. 16). Foi por eles que Cristo orou: *Santifica-os* (v. 17). Ele soprou o Espírito sobre eles quando os restaurou de seu retrocesso na fé (20.22). Mas foi somente depois do Pentecostes que eles foram cheios do Espírito Santo (At 2.4).

O mesmo aconteceu em Samaria. As pessoas aceitaram a Palavra de Deus (At 8.14), creram (v. 12), e foram batizadas (v. 12). Tão logo os apóstolos souberam disso, quiseram que os novos crentes fossem

CHEIO DE DEUS, CHEIO DO ESPÍRITO

cheios do Espírito (o que deveria ser a norma de toda a experiência cristã no Novo Testamento)! Assim, eles enviaram Pedro e João para orar por eles, para que fossem cheios do Espírito (v. 15,17).

Os romanos que estavam na casa de Cornélio tiveram a mesma experiência. Cornélio era um devoto (At 10.2), justo (v. 22), temente a Deus (v. 2,22), que orou (v. 2) e teve sua oração ouvida (v. 31). Ele foi, obviamente, aceito por Deus (v. 35). Mas, assim que Pedro pregou, esses novos crentes foram instantaneamente cheios do Espírito, da mesma maneira que os apóstolos haviam sido (11.15). Pedro disse: *E Deus, que conhece os corações, testemunhou a favor deles, dando-lhes o Espírito Santo, assim como a nós*. Ele lhes deu a mesma experiência de pureza de coração (15.8,9) pela fé que os apóstolos receberam por fé no Pentecostes, quando eles foram cheios do Espírito.

Os gregos em Éfeso também experimentaram a mesma obra do Espírito. Esses discípulos (At 19.1) ainda não haviam sido cheios do Espírito, e Paulo não queria que nenhum grupo de convertidos deixasse de ser cheio do Espírito. O próprio Paulo converteu-se na estrada de Damasco, foi acolhido por Ananias como um irmão em Cristo (9.17), e então foi cheio do Espírito três dias após ter se encontrado com Cristo e crido. Além disso, Cristo demonstrou claramente em sua oração sacerdotal de João 17 que a santificação pela qual ele orou (v. 17) e pela qual ele morreu fora dos muros (Hb 13.12) foi para os crentes, e não para os não salvos (Jo 17.9).

Deus em sua sabedoria soberana decidiu que as pessoas primeiramente deveriam ter seus pecados perdoados (plural) antes de serem purificadas de sua natureza pecaminosa (pecado no singular). Deus sabia que no arrependimento as pessoas são tão convencidas da culpa de seu coração que permanecem em grande medida ignorantes em relação à sua natureza pecaminosa corruptora. Deus, portanto, decidiu que a dupla natureza do pecado fosse enfrentada por uma dupla obra do Espírito.

Dá-me um coração crucificado

Dá-me um coração crucificado;
Dá-me um coração que contigo morreu.
Dá-me uma vida de comunhão contigo;
Purifica-me com teu sangue bendito.

Dá-me um coração morto para o eu.
Morto para este mundo e glória humana,
Morto para o orgulho, para a fama,
Morto para tudo o que me convém.

Crucifica meu velho homem em tua cruz
Até que eu considere tudo como perda,
Até que para mim o mundo esteja morto,
Até que tu somente meu Senhor sejas.
Dá-me uma mente humilde, consagrada,
Gentil, mansa, cheia de bondade.
Dá-me uma vontade crucificada
Pronta a fazer tua vontade.

Que meus afetos sejam crucificados,
Perfeitos em amor, ainda que tentados.
Que todo o meu ser, sem exceção,
Reflita tua glória e redenção.

Senhor, que tua morte em mim prevaleça;
Prende meu eu com os teus cravos.
A cada momento, quero estar crucificado,
Preso à cruz, sempre ao teu lado.

WESLEY L. DUEWEL

O clamor do pecador no Antigo e Novo Testamentos é "pequei contra ti!" (cf. Sl 51.4). O clamor do filho de Deus que foi perdoado, convicto de sua natureza pecaminosa, é "eu sou impuro" (cf. Is 6.5). O clamor do primeiro é "eu fiz", e o clamor do segundo é "eu sou". A súplica do primeiro é "perdoa-me, perdoa-me!" O clamor do segundo é "santifica-me, purifica-me, enche-me!"

Para o primeiro, há o lavar dos pecados pelo sangue de Cristo (Ap 1.5). Os pecados que cometemos – quer por pensamento, quer por palavra, quer por obra – são sempre mencionados no plural. Nossa natureza pecaminosa é sempre mencionada no singular. Para esta também há a purificação por meio do sangue (1Jo 1.7). A purificação do pecado é tipificada pelo batismo de fogo do Espírito Santo. Ela é também retratada como a crucificação de nossa vida carnal baseada no eu.

É verdade que pessoas que antes foram cheias do Espírito podem ser cheias vez após vez do Espírito em um novo derramar, na medida em que elas continuam a andar na luz e a se render ao senhorio do Espírito. Para cada necessidade nova, crise ou chamado, Deus pode conceder uma nova unção, uma nova capacitação, um novo enchimento, como vemos no livro de Atos. Mas a vida cheia do Espírito precisa ser sempre experimentada inicialmente em um momento em que somos cheios pela primeira vez. Isso se baseia sempre em um ato nosso de completa rendição. Deus não chama pecadores para oferecerem a si mesmos como um sacrifício. Ele deseja que esses pecadores se arrependam. Pecadores não possuem nada para oferecer a Deus a não ser os seus pecados. Mas crentes nascidos de novo estão vivos para Deus, e podem apresentar a si mesmos como sacrifício vivo e oferecerem a si mesmos em um ato de consagração (Rm 6.11-13,18,19). O pré-requisito para a fé que leva ao perdão dos pecados é o arrependimento; o pré-requisito para a fé que leva ao enchimento do Espírito é a inteira consagração (1Ts 5.23,24). Essa santificação completa ou o enchimento completo do Espírito é para aqueles que já são membros do corpo de Cristo, a igreja (Ef 5.25-27; 1Ts 5.23).

A santificação, ou o ser cheio do Espírito, não faz que seja impossível pecarmos, mas ela de fato capacita os crentes a viver em constante vitória sobre o pecado. Ela não nos poupa da tentação, mas de fato concede poder para sermos vitoriosos sobre a tentação. O Espírito Santo nos dá poder para sermos o que Deus nos chama a ser (1Pe 1.15,16), para sermos santos como ele é santo. A vida santificada não é uma vida de perfeição, sem pecado, na qual é impossível pecar e impossível crescer. Ao contrário, ela é uma vida em que é possível ser vitorioso sobre o pecado e na qual se torna gloriosamente possível iniciar a melhor vida de crescimento na graça, de amadurecimento progressivo, de santificação progressiva. A crise da purificação e do enchimento inicial do Espírito dá início a uma vida de constante purificação e enchimento na medida em que andamos na luz (1Jo 1.7).

A tragédia é que tantos filhos de Deus nascidos de novo continuam vivendo em derrota espiritual sem a crise da rendição e da purificação completas, sem o enchimento e a capacitação que Deus prometeu (At 2.39) a todos os que lhe obedecem (5.32), têm fé (15.9) e lhe pedem (Lc 11.13). O que é esse enchimento do Espírito Santo, ou plena santificação? Ela é a crise da apropriação, aquela experiência instantânea pela fé, subsequente ao novo nascimento, quando o sangue do sacrifício de Cristo purifica de todo pecado e o Espírito Santo enche e capacita para uma vida santa o crente que é inteiramente devotado ao amor e ao serviço de Deus.

Não é necessário nenhum sinal ou dom do Espírito como evidência dessa experiência preciosa, pois o Espírito Santo é a sua própria testemunha na alma (Hb 10.15). O fator essencial no Pentecostes não foram os símbolos externos do vento, fogo ou línguas, mas a

Faze-me puro como tu

Tu morreste por mim, Salvador,
Para me santificar com teu amor?
Tu sofreste por mim na cruz
Para limpar-me e dar-me luz?
Derrama sobre mim teu iluminar
Para do pecado me purificar.

Eu receberia teu novo ardor
Para ser puro como tu és.
Minha santificação é o teu favor,
Faze-me trilhar teus passos com fé.
Se esta é a promessa que inspiras em mim,
Então que eu seja fiel até o fim.

Busco todas as tuas promessas,
E tu prometes que puro serei.
Ordena, pois, que eu seja santo,
E a santidade eu buscarei.
Ó tu que com fogo batizas,
Batiza-me, e fiel andarei.

Que eu habite em tua noiva pura,
Que puros permaneçamos ao teu lado,
Tão puro que tu te alegres
Em ter-me como teu aliado.
Apesar de indigno de ti,
Sempre cantarei teu amor por mim.

Senhor, faze em mim tua vontade
Até que eu seja tua completa alegria.
Se de mim pedes amor perfeito,
Derrama esse amor em meu peito
Até que eu seja tudo o que queres,
Como tu és o que mais desejo.

WESLEY L. DUEWEL

purificação do coração dos crentes pela fé (At 15.9). A prova dessa plenitude do Espírito em seu total senhorio é a sua presença permanente realizando sua santa obra – aplicando continuamente o sangue de Cristo (1Jo 1.7), capacitando-nos para uma vida vitoriosa e radiante (2Co 3.17,18) e nos ungindo para a prática da oração (Rm 8.25-27; Jd 20) e para darmos testemunho (At 1.8). Ele faz que cada crente cheio do Espírito seja um presente de Deus para a igreja, a fim de edificá-la e torná-la efetiva para completar o ministério de Cristo de redimir pessoas (1Co 12.18). O Espírito Santo supre, da maneira que lhe apraz, qualquer que seja a capacitação, habilidade, qualidade ou dom necessário para que um crente cumpra seu papel designado por Deus (v. 11).

A santificação se inicia com o novo nascimento e se torna inteira no momento em que alguém é cheio do Espírito – isto é, quando a purificação de todo pecado torna-se completa (1Ts 5.23). O Espírito Santo continua o processo de santificação à medida que ele guia o crente cheio do Espírito a uma maturidade crescente (Fp 3.12-15), a uma glória cada vez maior (2Co 3.18) e a uma semelhança cada vez maior com Cristo (Ef 4.13).

O momento especial
do encher-se do Espírito

Algumas pessoas que são realmente nascidas de novo podem não se lembrar do exato momento quando elas confessaram seus pecados e confiaram em Cristo para o perdão deles. Elas podem não ter usado a palavra "arrependimento", mas, em seu coração, de fato se arrependeram de seus pecados e confiaram em Jesus para perdoá-las. Elas receberam Cristo como seu Salvador, de verdade – ou seja, nasceram de novo, mesmo que não soubessem ou usassem a expressão teológica "nascer de novo", como Jesus a usou em João 3.3,7.

Semelhantemente, algumas pessoas deram passos para serem cheias do Espírito sem perceber plenamente o que estavam fazendo. Eu conheço uma avó, uma mulher santa, que nunca escutou uma pregação teológica clara. Quando ela ouviu uma mensagem sobre ser cheio do Espírito, começou a louvar ao Senhor. "Esta tem sido a minha experiência por quarenta anos", ela testemunhou alegremente. "Eu apenas não sabia como chamar isso."

Algumas pessoas têm sido preconceituosas em relação a ser cheio do Espírito por causa dos comentários de outras pessoas, sem, no entanto, nunca terem se deixado guiar pelo Espírito Santo para sua plenitude. Elas têm um coração santificado, imperturbável em relação a traços pecaminosos de caráter, tais como inveja, ciúmes,

CHEIO DE DEUS, CHEIO DO ESPÍRITO

ira carnal, impureza, ganância e ódio. Mas, por causa de seu preconceito, elas podem nunca ter percebido que são pessoas cheias do Espírito. Deus é compreensivo, pois ele conhece o coração delas e as enche com o Espírito Santo. Ser cheio do Espírito não é uma questão denominacional; é uma experiência do coração.

Normalmente, no entanto, há um momento especial quando a alma está pronta e sedenta por ser preenchida, tendo cumprido todas as condições divinas, quando a fé alcança a promessa de Deus e se apropria dela. Esse é um momento especial e definitivo de vitória espiritual, quando o Espírito assume o completo senhorio da vida de um cristão e o cristão se submete à soberania de Deus. No novo nascimento, um pecador desiste de sua rebelião, mas pode ainda abrigar no coração algumas coisas que agem de modo contrário à soberania de Deus. Quando um cristão se consagra incondicionalmente a Deus, este se torna plenamente acolhido como Soberano e Senhor.

Uma ilustração da história americana pode nos ajudar a compreender isso. No final da Guerra Civil, o general Robert E. Lee, comandante-chefe das forças armadas sulistas, rendeu-se ao general Ulysses Grant, comandante-chefe do restante das forças dos Estados Unidos. Os dois generais se encontraram para selar oficialmente o ato de rendição. Após um longo período, finalmente haveria paz – a nação poderia ser unificada.

Eles se encontraram no local combinado. O general Lee, em seu uniforme militar completo, na qualidade de general dos exércitos do Sul, caminhou na direção do general Grant e estendeu a mão para apertar a mão do general Grant. Grant permaneceu imóvel. Ele disse apenas: "Primeiro, sua espada". Lee compreendeu. Ele removeu sua espada e a entregou a Grant primeiro. Simbolicamente, ele estava dizendo: "A luta terminou. Eu rendo minhas armas ao senhor". Grant segurou a espada e a entregou a seu assistente. Ele, então, estendeu sua mão direita a Lee. A guerra havia terminado.

No momento em que o general Lee se rendeu, ele se tornou um cidadão normal. Em completa rendição, ele desistiu de sua espada com tudo o que ela simbolizava. Espiritualmente, é isso o que acontece quando os pecadores se arrependem. Até aquele momento, eles estavam espiritualmente em rebelião contra Deus, mas então desistiram de sua espada. Dessa maneira, eles recebem o perdão e entram no Reino de Deus.

Uma vez que o general Lee não era mais um rebelde, ele tornou-se novamente um cidadão aceito e honrado que oferecia sua cooperação. Da mesma maneira, quando pecadores se arrependem e são perdoados, eles são instantaneamente aceitos como filhos de Deus que podem dar a si mesmos a Deus em obediência e serviço. Por outro lado, pecadores não arrependidos não possuem nada para oferecer a Deus. Por essa razão a Bíblia diz claramente: *Mas, se alguém não tem o Espírito de Cristo, não pertence a Cristo* (Rm 8.9). A vida cheia do Espírito pertence somente a cristãos que, em profunda consagração e compromisso, entregam-se totalmente a Deus, com gratidão.

No momento em que você, como um cristão nascido de novo, é cheio do Espírito, quatro coisas têm lugar em sua vida:

1. O *Espírito Santo se torna imediatamente Senhor em sua vida*. Você já se entregou em total rendição, oferecendo-se como uma oferta a Deus? Se você o fez, pode agora dizer como Paulo: *Não sou mais eu quem vive, mas é Cristo quem vive em mim. E essa vida que vivo agora no corpo, vivo pela fé no Filho de Deus, que me amou e se entregou por mim* (Gl 2.20) e: *Pois sabemos isto: a nossa velha natureza humana foi crucificada com ele, para que o corpo sujeito ao pecado fosse destruído, a fim de não servirmos mais ao pecado. Pois quem está morto foi justificado do pecado* (Rm 6.6,7).

   Como cristão, você está agora apto para cumprir Romanos 12.1. Note que este versículo é endereçado aos "irmãos" – ou seja, a cristãos. Nenhum pecador não perdoado pode cumprir este versículo: *Portanto, irmãos, exorto-vos pelas compaixões de Deus que apresenteis o vosso corpo como sacrifício vivo, santo e agradável a Deus, que é o vosso culto racional* (Rm 12.1). Em um momento de rendição absoluta, você submete seu espírito, sua alma e seu corpo – todo o seu ser – ao Senhor. Esse ato de total rendição é agradável a Deus e abre o seu coração para a plenitude do Espírito.

2. *Você é imediatamente purificado de todo pecado no momento de sua total rendição.* Observe que "pecado" aqui está no singular (1Jo 1.7). Seus muitos "pecados" (plural) foram perdoados no novo nascimento, mas sua natureza pecaminosa, representada pelo pecado no singular, é agora purificada pelo sangue de Cristo aplicado pelo Espírito Santo. Para usar outra imagem bíblica, você é circuncidado e a natureza pecaminosa é despojada (Cl 2.11). Você é perdoado e purificado da degradação dos pecados cometidos no novo nascimento. Mas a natureza pecaminosa herdada de Adão quando você nasceu não é purificada até você, como um cristão nascido de novo, consagrar totalmente seu ser a Deus e ele tiver completo controle e encher sua vida.

3. *O Espírito Santo imediatamente concede a você seu poder.* Jesus prometeu a seus discípulos que, quando o Espírito viesse sobre eles (no Pentecostes), eles receberiam poder (At 1.8). Desde então, há repetidas referências no Novo Testamento ao poder do Espírito na vida dos crentes. O Espírito Santo enche os filhos de Deus com sua santa presença, pureza e poder – primeiramente, poder para ser santo como é a vontade de Deus para nós; e, em segundo lugar, poder para testemunhar e servir. Ele não dá seu poder primeiramente para que possamos fazer coisas espetaculares, mas para que possamos viver uma vida bonita,

santa, e manifestar o fruto do Espírito (Gl 5.22,23). Deus pode, no entanto, conceder poder para realizar milagres àqueles que ele escolher.

4. *O crescimento espiritual pode agora ter início na plenitude da bênção do Espírito.* O crescimento espiritual começa no momento em que a pessoa se torna uma filha de Deus. Mas quando os impedimentos carnais são purificados, após uma pessoa ser cheia do Espírito, o processo de crescimento espiritual é intensificado e acelerado. Assim como um jardim floresce de modo mais exuberante quando as ervas daninhas são removidas, assim o fruto do Espírito cresce mais gloriosamente quando as ervas daninhas do ciúme, da inveja, do orgulho, da vontade própria e da teimosia são purificadas pela plenitude do Espírito.

O processo santo da transfiguração, o crescimento espiritual que é agregado, guiado e possibilitado pelo Espírito Santo, pode tornar-se abençoadamente real. Quando uma pessoa é cheia do Espírito, atos de obediência, autodisciplina e oração fazem que o processo de transfiguração se manifeste em ondas de progresso espiritual rumo à semelhança com Cristo.

Exemplos de pessoas cheias do Espírito Santo

Vidas cheias do Espírito Santo são belos exemplos da presença de Deus, da beleza de Cristo e da obra do Espírito. Ser cheio do Espírito nada tem a ver com a denominação à qual alguém pertence, e as pessoas cheias do Espírito não necessariamente declaram sua doutrina do Espírito Santo nos mesmos termos. Elas são cristãos nascidos de novo que se renderam totalmente a Jesus, pedindo que o Espírito Santo as preenchesse completamente, as purificasse e as enchesse de poder. Como resultado, elas são espiritualmente vitoriosas e cheias do amor por Deus, pela Palavra e família dele e pelo mundo inteiro.

Neste capítulo, darei alguns poucos exemplos de cristãos que ficaram conhecidos por terem vivido uma vida cheia do Espírito. Que os exemplos deles possam nos fazer sedentos por uma maior proximidade de Deus e por viver uma vida cheia do Espírito. Ao longo dos séculos, milhões de filhos de Deus têm sido cheios. Da mesma maneira, você pode sê-lo, se cumprir as condições simples dadas por Deus.

Podemos ser um cristão humilde, pouco conhecido, e ainda assim cheio do Espírito. Não estamos cheios do Espírito nem podemos nos tornar cheios do Espírito se secretamente queremos impressionar outros com nossa espiritualidade. Somos cheios do Espírito para pertencermos totalmente a Deus, para sermos verdadeiramente semelhantes a Cristo e para nos colocarmos à disposição de Deus para qualquer coisa que seja a sua vontade para nós.

É uma alegria apresentar como exemplos John Bunyan, autor de *O peregrino* e prisioneiro por causa de Jesus; Charles G. Finney, um dos maiores ganhadores de almas para Deus, que Deus usou em reavivamentos; Dwight L. Moody, um homem sem treinamento, um evangelista sem estudo que Deus usou para abençoar os Estados Unidos; e Oswald Chambers, professor da Bíblia e obreiro da ACM durante a Primeira Guerra Mundial.

Você pode simplesmente ser tão cheio do Espírito quanto eles foram. Você não precisa ser famoso, com alto nível educacional, ou financeiramente próspero. Tudo o que precisa é de uma rendição completa, de um coração espiritualmente sedento que ama ter comunhão com Deus em oração e que busca obedecer-lhe em todas as coisas.

John Bunyan

John Bunyan, autor de *O peregrino*, cresceu longe de Deus e constantemente blasfemando. Ele foi um terror para outras pessoas. Um dia ele escutou três ou quatro mulheres falando sobre uma obra que Deus realizara na alma delas, que chamavam de "novo nascimento". Deus havia transformado a alma delas com seu amor. Bunyan não entendia sobre o que elas falavam, mas sentiu-se profundamente afetado. Ele tentou mudar por seu próprio esforço, e após seu casamento e sua esposa ensiná-lo a ler, Bunyan começou a ler a Bíblia. Havia momentos em que a Bíblia o encorajava e momentos em que alguns versículos pareciam deixá-lo sem esperança.

Um dia, Deus usou João 6.37, *Todo aquele que o Pai me dá virá a mim; e de modo algum rejeitarei quem vem a mim*, para libertá-lo espiritualmente. Quando Satanás o acusava, Bunyan se apegava a

EXEMPLOS DE PESSOAS CHEIAS DO ESPÍRITO SANTO

essa promessa. Ele dizia: "Deus seja louvado, eu venci [Satanás]; como isso é doce para mim".[1]

Mais tarde, Deus ensinou Bunyan sobre a união com Cristo, e ele estava, evidentemente, cheio do Espírito. Ele entendeu que Jesus Cristo *se tornou para nós sabedoria, justiça, santificação e redenção* (1Co 1.30). "Eu nunca vi tamanha altura e tamanha profundidade da graça, do amor e da misericórdia." Ele conta que diversas vezes a graça de Deus tornava-se tão real para ele que "se tornava difícil suportá-la, pois ela era maravilhosa sem medida [...] eu realmente penso que, se aquele sentimento tivesse permanecido sobre mim por mais tempo, eu teria me tornado incapaz de qualquer coisa [...]. A glória da santidade de Deus de fato me quebrou em pedaços naquele momento".[2]

Bunyan nos conta sobre uma noite em que Cristo estava especialmente próximo dele. "Cristo foi um Cristo precioso para minha alma naquela noite; foi difícil permanecer na cama de tanta alegria, paz e triunfo em Cristo. Eu me vi envolto nos braços da graça e da misericórdia; e, apesar de antes temer a hora da minha morte, agora eu clamava, 'Deixe-me morrer'; agora a morte havia se tornado agradável e bela aos meus olhos.'"

Enquanto estava na prisão, esse homem cheio do Espírito escreveu: "Eu nunca tive em toda a minha vida uma porta tão grande para a Palavra de Deus como tenho agora [...]. Jesus Cristo também nunca foi mais real e visível do que agora". O *peregrino* foi seu sonho-visão que descreve a vida cristã. Nele, ele viu "dois que brilhavam" que haviam amado o Senhor Jesus quando estavam neste mundo, e, enquanto eles adentravam os portões do céu, "foram transfigurados; e se vestiram com roupas que brilhavam como ouro,

---

[1]EDMAN, V. Raymond. *They Found the Secret*. Grand Rapids: Zondervan, 1984, p. 18.
[2]Ibidem, p. 20.

CHEIO DE DEUS, CHEIO DO ESPÍRITO

e uma voz soou: "entrem no gozo de seu Senhor".[3] Quanta glória a coroar vidas cheias do Espírito!

Charles G. Finney

Charles G. Finney, um advogado de 29 anos, sentiu-se por vários dias profundamente convencido pelo Espírito Santo de sua pecaminosidade. Ele determinou-se a buscar o perdão de Deus, e na manhã de 10 de outubro de 1821 nasceu de novo enquanto orava no bosque próximo de sua casa. Naquela noite, em seu escritório, ele estava cheio do Espírito de forma maravilhosa. Ele testemunha:

Recebi um batismo poderoso do Espírito Santo sem nenhuma expectativa, sem ter a menor ideia de que havia tal coisa disponível a mim, sem qualquer lembrança de que eu tivesse escutado essa experiência da boca de qualquer pessoa no mundo, o Espírito Santo descendo sobre mim de um modo que parecia atravessar meu corpo e minha alma. Eu pude sentir como se uma onda de eletricidade passasse por dentro de mim. De fato, ela pareceu vir em ondas e ondas de amor líquido [...].

Nenhuma palavra pode expressar o maravilhoso amor que foi derramado em meu coração. Chorei alto de alegria e amor [...]. Essas ondas vieram sobre mim vez após vez, uma após outra, até – eu me lembro – que clamei: "eu morrerei se estas ondas continuarem passando sobre mim". Eu disse: "Senhor, não aguento mais". Mesmo assim, eu não tinha medo da morte [...].

Quando despertei pela manhã [...] instantaneamente o batismo que eu havia recebido na noite anterior voltou sobre mim da mesma maneira [...]. O Espírito parecia dizer-me: "Você duvidará? Você duvidará?" Eu clamei: "Não! Eu não duvidarei; eu não posso duvidar". Ele então deixou a questão tão clara em minha mente que

---

[3]Ibidem, p. 20-23.

EXEMPLOS DE PESSOAS CHEIAS DO ESPÍRITO SANTO

foi de fato impossível para mim duvidar de que o Espírito de Deus havia se apossado de minha alma.[4]

O dr. V. Raymond Edman resume a experiência de Finney: "Pelo Espírito de Deus, Finney teve uma profunda convicção de pecado, aprendeu o plano de Deus para a salvação, e nasceu de novo pelo Espírito; então, sem o seu conhecimento de tal experiência, ele foi cheio do transbordar do Espírito!"[5]

Não é normal, na maioria das vezes, que a plenitude do Espírito venha com tal carga de emoção. Ela pode ser uma experiência bastante tranquila, e normalmente acontece depois que alguém deliberadamente rende seu espírito, sua vida e tudo o mais, de modo completo, a Deus, enquanto sua alma clama a Deus para ser cheia do Espírito.

Dwight L. Moody

Dwight L. Moody, um dos maiores evangelistas do mundo, tinha um testemunho emocionante. Quando se converteu aos 17 anos de idade em 21 de abril de 1855, ele era muito pobre, e mal podia ler ou escrever. Ele havia frequentado a escola por mais ou menos cinco anos no máximo.

Aos 18 anos, ele mudou-se para Chicago e quase imediatamente pediu permissão para ensinar em uma classe da Escola Bíblica Dominical. Ele recrutou seus alunos – crianças pobres – das favelas de Chicago. Em pouco tempo, ele havia reunido tantas crianças que a igreja não mais podia recebê-las. Ele então iniciou uma turma de estudo bíblico em separado, e em poucos anos sua Escola Bíblica Dominical cresceu para 1.500 pessoas.

---

[4]Ibidem, p. 43-45.
[5]Ibidem, p. 45.

CHEIO DE DEUS, CHEIO DO ESPÍRITO

Moody possuía uma paixão tremenda por almas. Ele começou a ministrar aos pais das crianças e a homens em um acampamento do exército próximo, cada dia e noite. Em breve ele estaria ministrando três vezes por dia. Sua Escola Bíblica Dominical tornou-se uma igreja, e centenas foram salvos. Sua igreja tornou-se a maior de Chicago.

Duas das mais fiéis mulheres da igreja sentavam-se na primeira fileira, em cada culto, com a cabeça baixa, para orar. Elas lhe diziam ao final de cada culto que estavam orando para que ele recebesse do poder de Deus. Moody lhes pediu para orar pelas pessoas. Sim, disseram elas, elas já estavam orando, mas também oravam para que o poder de Deus estivesse sobre ele. Ele pensava ter o poder de Deus, mas o Espírito Santo começou a convencê-lo de sua necessidade da plenitude do Espírito, e eles oravam por isso. Por volta de 1871, ele se sentia com fome e sede por ser cheio do Espírito. Sua igreja e arredores haviam queimado no grande incêndio de Chicago, em 1871.

Um dia, Moody estava caminhando por Wall Street na cidade de Nova York e seu coração clamava a Deus pela plenitude do Espírito. O poder de Deus veio sobre ele com tal força que ele precisou correr até a casa de um amigo e perguntar se este teria um quarto que ele pudesse usá-lo. Ele permaneceu naquele quarto sozinho por horas, e o Espírito Santo veio sobre ele, enchendo sua alma com tal alegria e com tal senso transbordante da presença de Deus que ele precisou pedir para Deus "recolher sua mão, ou ele morreria ali de tanta alegria. Moody saiu daquele lugar com o poder do Espírito Santo sobre ele".[6]

Torrey escreve: "Vez por outra, o sr. Moody vinha até mim e dizia: 'Torrey, eu quero que você pregue sobre o batismo com o Espírito Santo [o termo que ele usava para a plenitude do Espírito]'. Eu não me recordo quantas vezes ele me pediu para falar sobre esse tema'".

---

[6]TORREY, R. A. *Why God Used D. L. Moody*. Chicago: Moody Bible Institute Press, 1923, p. 57.

EXEMPLOS DE PESSOAS CHEIAS DO ESPÍRITO SANTO

Sempre que Moody realizava uma campanha ou uma série de conferências, ele pedia a Torrey para pregar duas mensagens, uma intitulada "Dez razões por que eu creio ser a Bíblia a Palavra de Deus" e outra intitulada "O batismo do Espírito Santo". Torrey acrescenta: "Vez por outra, quando eu recebia um telefonema para ir a alguma igreja, ele vinha a mim e dizia: 'Agora, Torrey, fique firme e pregue sobre o batismo do Espírito Santo'".[7]

Torrey conclui seu livrete:

> Jamais me esquecerei do dia 8 de julho de 1894, até minha morte. Era o último dia da Conferência Estudantil de Northfield – o encontro de alunos de faculdades de uma região. O sr. Moody pediu-me para pregar na noite de sábado e no domingo pela manhã sobre o batismo com o Espírito Santo. No sábado à noite, eu falei sobre "O batismo do Espírito Santo: o que é; o que produz; a necessidade dele e a possibilidade dele". No domingo pela manhã, falei sobre "O batismo do Espírito Santo: como recebê-lo".
>
> Era exatamente meio-dia quando concluí meu sermão, tirei meu relógio de pulso e disse: "o sr. Moody nos convidou a todos para subirmos a montanha às 3 horas hoje à tarde para orarmos por poder do Espírito Santo. Faltam três horas para as 3 da tarde. Alguns de vocês não poderão esperar três horas. Vocês não precisam esperar. Vão para seus quartos; saiam para o bosque; vão para suas barracas; vão para qualquer lugar em que vocês possam ficar a sós com Deus e tratar dessa questão com ele". Às 3 horas, todos nós nos reunimos em frente à casa da mãe do sr. Moody (nessa época ela ainda era viva) e então nos dirigimos à calçada, saindo pelo portão, rumo à montanha. Havia 456 pessoas ao todo; eu me lembro do número porque Paul Moody nos contou quando atravessamos o portão.
>
> Depois de um tempo, o sr. Moody disse: "Eu não acho que precisamos ir mais adiante; vamos nos sentar aqui". Nós nos sentamos

---

[7] Ibidem, p. 57-58.

em troncos cortados e no chão. O sr. Moody disse: "algum estudante teria algo a dizer?" Creio que uns 75 deles se levantaram, um após outro, e disseram: Sr. Moody, eu não consegui esperar até 3 horas; estive a sós com Deus desde o culto da manhã e acredito que eu tenha o direito de dizer que fui batizado com o Espírito Santo". Quando esses testemunhos terminaram, o sr. Moody disse: "Jovens, eu não vejo nenhuma razão por que nós não poderíamos nos ajoelhar aqui neste instante e pedir a Deus que o Espírito Santo venha sobre nós, com tanta certeza quanto ele veio sobre os apóstolos no dia de Pentecostes. Oremos". E de fato oramos, ali na montanha [...]. O Espírito Santo desceu sobre nós. Homens e mulheres, isto é o que todos nós precisamos – do batismo com o Espírito Santo.[8]

Oswald Chambers

Os escritos de Oswald Chambers, especialmente seu livro de devocionais diários *Tudo para ele*, têm sido uma bênção ao longo deste século. Ele era amigo de Charles Cowman, fundador da OMS International, uma sociedade missionária na qual tenho trabalhado por sessenta anos. Ele também viveu uma vida cheia do Espírito.

Chambers nasceu na Escócia em 1874, filho de um pastor batista. Ele se converteu ouvindo Charles H. Spurgeon pregar; encontrou-se com William Quarrier, fundador de orfanatos na Escócia, e aprendeu dele os princípios da fé e da oração. Após sua conversão, ele se sentiu guiado a deixar a Universidade de Edimburgo e entrou para uma faculdade batista pouco conhecida em Dunoon para preparar-se para o ministério.

Chambers sabia ser um filho de Deus nascido de novo, mas ele sentia ser absolutamente necessário que o fogo viesse sobre sua alma. Ele se tornou um tutor na faculdade, ainda desejoso da plenitude do Espírito. Depois de ouvir uma mensagem do dr. F. B. Meyer (que

---

[8]Ibidem, p. 60-63.

dava ênfase à "vida com profundidade") na faculdade, Chambers "decidiu ter tudo o que Deus tinha para ele" e por quatro anos orou incessantemente pelo "batismo do Espírito Santo" – isto é, pela plenitude purificadora do Espírito. Ele se sentia bastante oprimido por seu senso de depravação interior. Deus o usou para a conversão de outras pessoas, mas a Bíblia lhe parecia monótona e em sua maior parte desinteressante. Ele sentia vez após vez sua própria carnalidade e a vileza de sua alma. Ele se referia a isso como "a praga" de seu coração. O Espírito Santo lhe ensinou e usou circunstâncias da sua vida para lhe revelar como seu coração era pecaminoso. Ele descreveu esse período como "quatro anos de inferno na terra", apesar de continuar pregando como sempre e de pessoas serem salvas e abençoadas. Em sua alma, no entanto, havia trevas e sofrimento.

Uma série de reuniões teve lugar em Dunoon para o aprofundamento da vida espiritual. Chambers havia ouvido pessoas falando sobre a plenitude do Espírito, mas ele não conhecia ninguém que se dizia cheio do Espírito. Deus falou ao seu coração por meio de Lucas 11.13: *Se vós, sendo maus, sabeis dar boas coisas aos vossos filhos, quanto mais o Pai celestial dará o Espírito Santo aos que o pedirem.* Ele se sentiu muito pecador. Como ele poderia pedir a Deus para lhe dar o Espírito Santo? Mas, então, ele compreendeu que o recebimento da plenitude do Espírito seria uma dádiva da parte de Deus para ele. Após o final do culto de uma das noites, uma reunião de oração especial teve lugar. Chambers colocou-se de pé e disse: "Ou o cristianismo é uma completa fraude, ou eu ainda não o compreendi corretamente". Ali mesmo onde estava, Chambers pediu a dádiva do Espírito Santo, confiando na promessa de Lucas 11.13. Não sentiu qualquer bênção emocional. Ele sabia apenas que havia confiado em Deus e em sua Palavra.

Alguns dias depois, Chambers foi convidado para falar em um encontro, e quarenta pessoas se manifestaram desejando a salvação. Assustado, ele procurou o diretor da Escola Bíblica: "O que eu devo

CHEIO DE DEUS, CHEIO DO ESPÍRITO

fazer?" O diretor respondeu: "Você não se lembra de ter pedido a Deus para lhe dar a dádiva do seu Espírito e de a ter pedido pela fé? Jesus não disse 'vocês receberão poder'? Este é o poder de Deus, do alto".

Chambers disse o seguinte, sobre essa experiência:

> Se os anos anteriores haviam sido o inferno na terra, esses próximos quatro anos foram verdadeiramente o céu na terra. Glória a Deus, o pior abismo do coração humano é preenchido e transborda com o amor de Deus. O amor é o começo, o amor é o meio e o amor é o final. Depois que ele vem, tudo o que você enxerga é "Jesus somente, Jesus sempre". Quando você conhece o que Deus fez por você, o poder e a tirania do pecado se vão e a radiante e inefável libertação do Cristo que habita em nós se manifesta, e quando você vê homens e mulheres que deveriam ser príncipes e princesas com relação a Deus, mas estreitamente ligados à exibição de coisas superficiais – ah, você começa a entender o que o apóstolo tinha em mente quando disse que até desejaria ser amaldiçoado e separado de Cristo, para que pessoas fossem salvas.[9]

Os anos restantes da vida de Chambers são um testemunho acerca da realidade da plenitude do Espírito que ele recebeu naquela noite. Ele disse: "O abandono de nós mesmos é a essência da consagração, não a consagração de nossos dons, mas a consagração de nós mesmos sem reservas. Nós também, por meio da crise de uma completa rendição, podemos receber uma unção divina (1Jo 2.20), preparando-nos para o serviço eficaz. Nós, entretanto, diferentemente de nosso Senhor sem pecado, precisamos não apenas da santa unção, mas também do fogo purificador (At 2.3)". Oswald Chambers sempre insistiu na necessidade de um "poderoso

---

[9] LAMBERT, D. W. *Oswald Chambers: An Unbribed Soul.* Fort Washington, PA: Christian Literature Crusade, 1983, p. 23-24.

EXEMPLOS DE PESSOAS CHEIAS DO ESPÍRITO SANTO

batismo do Espírito Santo" como o direito de todo crente. Ele ensinou que "a santificação é a própria santidade de Jesus, sua paz, sua alegria, sua pureza, conferidas a nós pelo seu Espírito Santo, e recebidas pela fé".[10]

J. E. Fison, bispo anglicano de Salisbury, escreveu em seu tributo a Oswald Chambers: "É impressionante ver em Oswald Chambers um homem que experimentou uma mais que definitiva 'segunda bênção' de santificação, sem enfatizá-la, não para negar a importância crucial de Lucas 11.13 – um texto que ele sempre continuou a usar –, porém com uma fé ainda maior e na dependência das riquezas inesgotáveis da pessoa de nosso Senhor, independentemente de todas as 'variedades de experiências religiosas' ou da falta delas".

Oswald Chambers viveu mergulhado em sua Bíblia, lendo-a e estudando-a constantemente. Ele também foi um homem que orava sem cessar. Falando acerca de sua vida espiritual e da plenitude do Espírito, ele disse: "Não é de espantar que eu fale tanto sobre uma natureza transformada: Deus transformou a minha; eu me lembro quando ele o fez, e tenho me lembrado desde então".[11] Alguém que conheceu Chambers escreveu: "Ouvi-lo orar era estar na presença de Deus; como Murray M'Cheyne e Samuel Rutherford, ele parecia viver em uma ininterrupta comunhão com Deus".[12]

Outra pessoa descreveu o ministério de Chambers: "Verdadeiramente o poder e a influência persuasiva do Espírito Santo repousava sobre suas obras [...] não havia nenhuma agitação, as reuniões eram tranquilas e o forte poder do Espírito Santo se manifestava em todos os cultos".[13] Outra pessoa escreveu: "Eu jamais esquecerei o clima da primeira reunião, uma devocional, quando alguém

---

[10]Ibidem, p. 60-61.
[11]CHAMBERS, Bertha. *Oswald Chambers: His Life and Work*. London: Simpkin Marshall Ltd., 1938, p. 77.
[12]Ibidem, p. 158.
[13]Ibidem.

CHEIO DE DEUS, CHEIO DO ESPÍRITO

entrava na sala era como se estivesse adentrando os céus. Então o sr. Chambers falou, guiando-nos diretamente a Deus, e eu mais tarde percebi que essa era uma característica sua, em cada pregação ou reunião ele nos levava para junto da presença de Deus".[14]

Nos últimos anos de Chambers, ele ministrou às tropas britânicas como um obreiro da Associação Cristã de Moços em um acampamento de treinamento do Exército no Egito. Uma pessoa que esteve ali disse:

> O que ficou marcado em minha memória daquela Missão foi o modo pelo qual emergia o tempo todo e por todo o tempo a devoção apaixonada do próprio [Chambers] a Jesus. Isso, e o modo estranho pelo qual seu próprio eu estava ausente; de fato, isso foi uma das coisas mais estranhas sobre sua personalidade: ele estava interiormente presente de modo tão intenso e ao mesmo tempo absolutamente ausente. Não havia um "eu" para considerar. Eu me recordo bem de como por um longo tempo realmente duvidei da possibilidade de tal coisa nele, ou em qualquer homem ou mulher, até que, ao observar sua vida, me convenci.[15]

Outra pessoa relatou sobre Chambers durante seu ministério às tropas. "Manhã após manhã, ele esperava em Deus. Foi ali que ele ganhou o brilho que irradiava de sua face e a mensagem mais afiada que uma espada de dois gumes."[16] Onde quer que ele fosse, o ambiente parecia ficar carregado com a presença de Deus, que era o motivo pelo qual ele orava.

Nem todo mundo pode ser um Oswald Chambers, mas todos podem ser cheios do Espírito. Todos nós temos nossa própria personalidade, mas podemos todos glorificar a Deus por meio de uma

---

[14]Ibidem, p. 202.
[15]Ibidem, p. 236.
[16]Ibidem, p. 251.

vida cheia do Espírito onde quer que estejamos, mostrando a beleza de um coração santo e de um viver ungido. Nenhum testemunho é idêntico, mas vez após vez, em cumprimento de Atos 2.39, Deus tem cumprido sua promessa. Todos os que são cheios recebem a purificação graciosa do Espírito e a capacitação interior para viver de modo santo e para realizar qualquer serviço para o qual Deus os escolheu. Não busque a Deus para repetir os mesmos detalhes emocionais sobre os quais você leu a respeito, mas peça a ele que repita a realidade e a espiritualidade interior da plenitude do Espírito em você. Deus não mostra favoritismo. Ao manter suas promessas e seu plano para a sua vida, quando ele enche você com seu Espírito, ele lhe dará a transformação interior na semelhança com Cristo e um novo poder espiritual.

{10}

Fé: o meio para se apropriar da plenitude do Espírito

Paulo foi enviado por Deus para um duplo ministério: que as nações pudessem receber (1) o perdão dos pecados e (2) a santificação pela fé (At 26.18). A plenitude do Espírito é dada àqueles que a pedem com fé (Lc 11.13; At 15.8,9). Ela é recebida pela fé, assim como o novo nascimento é recebido pela fé. Ela não era apenas para os apóstolos ou para a igreja primitiva; ao contrário, *a promessa é para vós, para vossos filhos e para todos os que estão longe, a quantos o Senhor nosso Deus chamar* (At 2.39). A qual promessa esse versículo se refere? À promessa do Pai (Lc 24.49) de que, pelo ministério do Espírito Santo, os seguidores de Cristo seriam capacitados com poder do alto. Cristo ordenou aos seus discípulos que esperassem pelo cumprimento de sua gloriosa promessa (At 1.4) que traria o poder do Espírito Santo (v. 8), e ela se cumpriu em Pentecostes.

Nós obtemos o poder do Espírito Santo pela fé para nossa vida terrena. Devemos ser santos como Deus é santo (1Pe 1.15,16). Ele nos santificará completamente e nos tornará inculpáveis (1Ts 5.23,24) em nossa vida terrena, e nós o serviremos sem medo em santidade e justiça (Lc 1.74,75). Devemos receber o enchimento do Espírito

CHEIO DE DEUS, CHEIO DO ESPÍRITO

pela fé; ele é para todos nós hoje. Não precisamos esperar até a morte, e não podemos conquistá-lo por meio de algo que possamos fazer por nós mesmos.

É pela fé obediente que somos cheios do Espírito (At 5.32), e é também pela fé que mantemos nosso andar no Espírito (1Jo 1.7). Caminhar e andar no Espírito nos enche de poder e nos mantém puros (Rm 8.4; Gl 5.16). Muitos podem ter recebido o enchimento do Espírito pela fé, mas falharam em andar na vida de fé obediente. Eles confessam que não são cheios do Espírito, purificados pelo Espírito, cheios do poder do Espírito hoje. Se esta é a sua condição, a mesma fome espiritual, a mesma rendição total em completa consagração, a mesma obediência e fé simples que abriram o seu coração para a plenitude inicial do Espírito poderão trazer novamente a plenitude do Espírito a você. Assim como o templo do seu corpo foi criado para ser cheio do Espírito, você não poderá nunca estar plenamente satisfeito espiritualmente ou ser produtivo como Deus deseja que seja, a menos que viva diariamente uma vida cheia do Espírito.

A fé real é tão simples que pode facilmente se tornar superficial e nada mais que ginástica mental. Entretanto, nem a fé salvadora nem a fé santificadora são mera concordância mental. Muitos descrentes têm concordado intelectualmente com a verdade sem serem transformados, porque fracassaram em obedecer às condições estabelecidas por Deus.

Podemos perguntar a alguém:

– Você acredita ser um pecador?

– Sim.

– Você acredita que Cristo morreu para salvar os pecadores?

– Sim.

– Leia esta promessa. Você acredita que esta promessa é verdadeira?

– Sim.

– Então, graças a Deus, você está salvo!

Mas será que sim? Apenas se ele atendeu às condições de Deus. Mas ele o fez? Se ele ainda não se arrependeu, não importam quantas vezes ele siga a fórmula acima, permanecerá não sendo salvo e não sendo transformado.

A fé salvadora envolve o consentimento da vontade – a obediência –, assim como a concordância intelectual. A obediência se manifesta em arrependimento. A fé salvadora começa concordando com a verdade, prossegue com a concordância da vontade na verdadeira obediência, e finalmente se apropria pela fé. Pela fé nos apropriamos do perdão de Deus e o fazemos nosso. Podemos exercitar essa confiança porque sabemos que atendemos à condição que Deus estabeleceu, que é nosso arrependimento. À parte desse pleno exercício da fé salvadora, não há novo nascimento. Os próprios demônios são obrigados a concordar com a verdade. A Bíblia diz que eles creem e tremem, mas isso não faz nada para salvá-los (Tg 2.19).

Algumas pessoas que tomaram uma decisão por Cristo de um modo apenas superficial, sem uma clara experiência de novo nascimento, poderão mais tarde arrepender-se de verdade e passar por uma experiência tão gloriosa de novo nascimento que elas pensarão ter experimentado naquele momento o enchimento do Espírito. Elas poderão testemunhar sobre isso por algum tempo, até experimentarem ainda em sua vida tendências pecaminosas e derrotas. Elas deixam assim de acreditar que uma purificação plena seja possível. "Eu tentei e não funcionou" é o testemunho delas.

Outras podem ter nascido de novo, mas, ao buscarem ser cheias do Espírito, elas fizeram apenas alguma forma de ginástica mental. Podemos perguntar a alguém:

– Você acredita que Deus pode santificar e encher com seu Espírito?

– Sim.

– Leia 1João 1.7. Você crê que Deus está falando sério em relação a esta promessa?

CHEIO DE DEUS, CHEIO DO ESPÍRITO

– Sim.

– Bem, louvado seja Deus, você está cheio do Espírito!

Mas será que isso é verdade? Se ela não satisfez as condições de Deus em relação à total obediência e total consagração, o que essa pessoa fez foi apenas concordar mentalmente com uma verdade.

Outras pessoas têm acreditado que certas experiências emocionais são o enchimento do Espírito. Em algumas ocasiões, quando sentem a presença de Deus de modo especial, elas concluem que estão agora cheias do Espírito. Contudo, se elas não renderem sua vontade a Deus, não serão cheias, pois a fé sem consagração não traz a plenitude do Espírito. A consagração que conduz à santificação e ao enchimento do Espírito é uma questão da vontade, e não apenas da mente ou das emoções. A vida cheia do Espírito possui santas emoções, pois o Espírito enche com rios de amor, alegria e paz. Mas as emoções não são a prova nem a medida do Espírito.

As emoções estão relacionadas a muitos fatores. Se Deus tocá-lo profunda e emocionalmente, agradeça-lhe por isso. Lágrimas e alegria são preciosas se produzidas pelo Espírito. Mas lembre-se de que as emoções não o fazem mais nem menos espiritual que outros. Algumas pessoas choram com facilidade e se alegram com facilidade; outras têm sentimentos igualmente profundos, mas não os manifestam exteriormente. A medida de nossa vida cheia do Espírito não são nossas emoções, mas nosso compromisso consistente com um andar obediente de fé. A salvação em todos os seus aspectos é pela fé, e não pelas emoções.

Eu sinceramente professei estar cheio do Espírito antes de o estar de fato. Um dia, para minha surpresa, Deus me mostrou as profundezas do orgulho e da ira que permaneciam em meu coração e que me mantinham afastado da vitória interior. Eu sabia, no entanto, que Deus tinha feito provisão para a vitória completa. Quando ele me mostrou minha necessidade, comecei a sondar meu coração em sua presença para ver se havia algo mais a que eu precisava obedecer. Sei que com frequência Deus não pode responder a nossas orações até que peçamos perdão a outras pessoas ou passemos a obedecer-lhe se há algo que ele pediu de nós (Mt 5.23,24).

Contudo, na medida em que eu sondava meu coração, não pude encontrar obstáculos em meu caminho. Deus me mostrara como era abominável meu coração carnal e não crucificado aos seus olhos, e confessei a profundidade de minha necessidade pessoal. Mas não me senti desanimado. Se eu ainda fosse carnal, eu sabia que Deus havia feito a provisão adequada na cruz para purificar-me. Cheguei ao ponto em que eu havia cumprido cada condição e, clamando pela promessa de Deus, dei um passo de fé, agradecendo-lhe por sua fidelidade à sua Palavra. Naquele momento, não tive em absoluto nenhuma experiência emocional de qualquer natureza. Mas eu sabia que havia cumprido as condições de Deus e realizado uma rendição completa, e sabia que havia crido na promessa de Deus de purificar-me e de me encher.

Eu era estudante universitário naquela época. Em minha primeira aula, no dia seguinte, tive a permissão do professor para me dirigir em uma palavra à turma. Dei um testemunho simples, confessando que eu havia professado ser cheio do Espírito quando Deus havia me mostrado meus problemas de orgulho e ira em meu próprio coração. Eu não havia manifestado essas coisas exteriormente, mas em meu coração sabia que havia pecado. Disse à turma que havia cumprido as condições de Deus da consagração, obediência e fé, e agora ele havia me santificado e me enchido.

Antes do fim do dia, uma outra pessoa que havia experimentado derrota veio até mim e pude guiá-la à vida vitoriosa. Que correntes de segurança e alegria agora varriam minha alma! Era como se o sangue purificador tivesse me limpado completamente. Fui invadido por uma santa emoção quando obedeci ao Senhor.

Deus imediatamente deu-me o fruto do Espírito (Gl 5.22-24) e fruto em ganhar almas em abundância como eu nunca havia visto.

Não podemos

O Espírito Santo é Aquele a quem mais desejamos.
Devemos ter toda vida e poder do Pentecostes.
As necessidades são enormes para atendermos sozinhos;
Senhor, envia o Espírito agora para que tua presença se manifeste.

Não podemos ser tão fracos quando ele tem perfeito poder;
Não podemos abandonar as pessoas que olham para nós nesta hora.
Ansiamos por viver cada momento sob seu completo controle;
Queremos seu poder sobre nosso corpo e alma.

Não podemos rejeitar o seu plano quando ele é nosso guia;
Não podemos viver um só dia sem nele permanecer.
Não podemos decepcioná-lo ou desconsiderar sua santa vontade;
Senhor, que teu Espírito em nós cumpra teu plano.

Não podemos desapontá-lo ou falhar em seu teste;
Não podemos fazer sua obra sem darmos o melhor.
Esta é a única vida que temos; dediquemo-nos a ela totalmente;
Senhor, envia-nos teu Espírito agora em todo o seu ministério.

Wesley L. Duewel

O Espírito Santo tornou-se meu guia em uma plenitude que eu jamais havia experimentado. Ele também energizou minha vida de oração. Fiquei surpreso ao descobrir que aqueles ressentimentos, que eu achava serem normais em todos os cristãos e que eu julgava até então normais em minha vida, tinham agora ido embora. Eu estava maravilhado com essa diferença e sentia-me tão purificado aos olhos de Deus. O Espírito Santo começou a iluminar a Palavra em minha alma. Melhor de tudo, ele tornou Jesus muito mais precioso para mim de um modo como eu nunca havia conhecido.

Suas derrotas interiores são provavelmente diferentes das minhas. Suas experiências de crise ao experimentar a purificação do coração e o enchimento do Espírito também serão diferentes. Nenhuma pessoa possui uma personalidade igual a outra, a mesma formação, a mesma necessidade ou o mesmo testemunho de vitória. Mas todas as pessoas podem ter suas necessidades espirituais satisfeitas no Calvário e podem saber que estão cheias do Espírito, pois o Espírito Santo lhes dará o seu próprio testemunho infalível no coração.

{11}

Passos para a plenitude do Espírito

Quais os passos para ser purificado pelo Espírito, cheio do Espírito e capacitado pelo Espírito? A base de todas essas coisas é o novo nascimento. Você não pode ser purificado de sua natureza pecaminosa até se arrepender e receber o perdão de Deus pelos pecados que cometeu. Quando você é salvo pela graça de Deus e sabe que não há nada entre Deus e você que interrompa sua comunhão, há quatro passos simples para a plenitude do Espírito.

1. Abra o seu coração para a revelação do Espírito

Assim como o Espírito Santo convence os pecadores não regenerados de sua necessidade de salvação, da mesma maneira o Espírito Santo convence os crentes de sua necessidade de santificação e de ser cheio do Espírito. Os passos de sua revelação podem ocorrer em questão de momentos ou pode se estender por um período de tempo. Nenhuma experiência é exatamente igual; no entanto, mais cedo ou mais tarde o Espírito Santo revelará a você (1) a vontade de Deus, (2) a necessidade de sua alma e (3) a promessa de Deus.

Você precisa estar convencido de que é a vontade de Deus que você seja cheio do seu Espírito aqui e agora. Precisa saber que Deus ordena que você seja santo (Lv 11.44; 1Pe 1.16), que ele o chama para a santidade (1Ts 4.7) e que somente seu Espírito que habita

CHEIO DE DEUS, CHEIO DO ESPÍRITO

em você pode torná-lo santo. Essa revelação pode acontecer por meio da leitura da Palavra, ao observar a vida de uma pessoa cheia do Espírito, ou ouvindo a mensagem do evangelho ou testemunho.

Você precisa se conscientizar da pecaminosidade do seu coração, de quão cheio ele é de traços e tendências carnais e de quão fraca e derrotada sua vida tem sido. Para você, como para Isaías, essa consciência pode vir por meio de alguma revelação da santidade de Deus (Is 6). Ou, como Pedro, você pode vir a se conscientizar de sua necessidade por meio de um fracasso trágico de sua parte (Mt 26.69-75; Mc 14.66-72; Lc 22.54-62; Jo 18.15-27). O Espírito Santo fala ao nosso coração de muitas maneiras. Ele pode usar o relato da igreja primitiva em Atos dos Apóstolos para mostrar-lhe quão distante sua vida está do padrão estabelecido por Deus ali.

Em meu caso, eu estava orando sozinho quando o Espírito Santo lançou sua santa luz em 1Coríntios 13. Eu jamais havia percebido como um pecador renitente podia ter um coração tão vil aos olhos de Deus como eu, então, percebi meu coração carnal e não santificado à luz de tão santo amor. Eu comecei a abominar a condição de meu próprio coração, algo parecido com o que Paulo deve ter sentido em Romanos 7. Mas meu coração não se desesperou, pois não apenas o Espírito Santo mostrou-me a maldade do meu próprio coração, como ele também me mostrou a promessa de Deus e veio ao encontro de minha necessidade.

O Espírito Santo precisa alimentar em seu coração o desejo pela promessa de Deus de purificar e encher você. Como é maravilhoso o modo pelo qual o Espírito Santo pode tomar uma promessa da Palavra de Deus e aplicá-la pessoalmente a você. Ao fazer isso, ele faz que você erga os seus olhos de si mesmo para Deus, e pela fé você se apropria pessoalmente de sua promessa e experimenta como Deus é fiel à sua Palavra.

Se você deseja realmente uma visão da santidade de Deus e da maldade do seu coração, queira ter tempo a sós com Deus.

PASSOS PARA A PLENITUDE DO ESPÍRITO

Humilhe-se perante ele. Isso poderá exigir de você horas a sós com Deus, mas você agradecerá a Deus pelo resto de sua vida por ele ter lhe mostrado seu fracasso interior. Sonde o seu coração à luz da Palavra de Deus, seja completamente honesto consigo mesmo perante Deus. Examine suas ações e suas motivações. *Examinai a vós mesmos, para ver se estais na fé. Provai a vós mesmos. Ou não reconheceis que Jesus Cristo está em vós? A não ser que já estais reprovados* (2Co 13.5). Faça a oração de Salmo 139.23,24: *Sonda-me, ó Deus, e conhece o meu coração; prova-me e conhece os meus pensamentos; vê se há em mim algum caminho mau e guia-me pelo caminho eterno.*

Você já pôde ver o seu coração à luz da cruz? Você já se deu conta de quanto o seu pecado custou para Jesus? Você já percebeu quão infinitamente santo é Deus? Como você poderia convidar o Espírito Santo para habitar um coração tão impuro e tão egoísta como o seu? Com certeza ele precisa purificar você antes que o possa encher. Se você nunca se enxergou como realmente é do ponto de vista de Deus, peça a ele que lhe mostre. Você com certeza agradecerá a Deus quando ele o fizer. Então você dirá como Jó: *Com os ouvidos eu tinha ouvido falar a teu respeito; mas agora os meus olhos te veem. Por isso me desprezo e me arrependo no pó e na cinza* (Jó 42.5,6). Quando você compartilhar da visão de Isaías, da infinita santidade de Deus, clamará como ele: *Ai de mim! Estou perdido!* (Is 6.5). Então Deus poderá enviar fogo do altar (v. 6) e purificar sua impureza.

É necessário que tenhamos essa visão da santidade de Deus e de nossa própria pecaminosidade? Talvez não. Mas você jamais poderá compreender realmente o cálice que Cristo bebeu em seu favor no jardim, a menos que tenha essa visão. Você jamais poderá entender por que Cristo clamou *Deus meu, Deus meu, por que me desamparaste?* na cruz, a menos que tenha consciência da maldade de seus pecados e de sua natureza pecaminosa que levou Cristo a sofrer

Batiza-me com teu fogo

Ó tu cujos olhos são chamas ardentes,
Sonda cada coração,
Revela toda culpa e vergonha,
Cada parte impura e escondida.
Ó santo investigador da alma humana,
Que tudo vê,
Sonda-me e revela tudo,
Para que eu também seja puro.

Ó tu que batizas com fogo
A todos que se rendem a ti,
Queima minha palha e hipocrisia
E torna-me puro.
Refina meu ser completamente
Até tudo ficar puro,
Até que permaneça tão somente
Tua bênção permanente.

Unge minha vida com óleo santo;
Enche-me de zelo,
Capacita-me para o trabalho,
Enche-me de teu poder.
Ó Cristo que enviou o Espírito
De acordo com tua Palavra,
Dependemos de teu Espírito
E esperamos somente em ti.

Batiza cada coração hoje;
Batiza-me, Senhor, agora.
Para que obedeçamos à tua vontade,
Inclinamo-nos a teus pés.
Clamamos tua promessa, Senhor,
E sentimos teu fogo descer.
De hoje em diante, que seja constante
Tua vontade sempre fazer.

WESLEY L. DUEWEL

tanto (Hb 13.12). Se você deseja testificar da santidade e do amor de um Deus com um coração partido, permita que Deus o quebrante. Se você deseja tornar a cruz viva para outros, crucifique-se com Cristo. Se você deseja experimentar toda a glória e todo o triunfo do poder da ressurreição de Cristo, sua natureza pecaminosa precisa morrer e ser sepultada (Rm 6.6; Gl 2.20). Se você deseja partilhar com Paulo do triunfo de Romanos 8, venha com ele até o completo fim de si mesmo como em Romanos 7.

Que Deus nos livre da superficialidade de nossa época. Precisamos mais do que concordar polidamente com a verdade de Deus, mais do que a ortodoxia fria. Precisamos de um coração quebrantado e contrito que esteja cheio com rios do Espírito. Fique a sós de joelhos com a Palavra de Deus, e dê ao Espírito Santo tempo para sondar o seu coração. Dê a ele o tempo que for necessário. Ajoelhe-se ao pés da cruz até que seu coração seja quebrantado, e permita que Cristo o faça íntegro. Você poderá experimentar uma nova vitória e uma nova glória se estiver disposto a pagar o preço.

2. Tenha fome e sede da plenitude de Deus

Você sabe o que é ter fome e sede pela justiça, pela plenitude do Espírito? Se sim, posso garantir, com base na autoridade da Palavra de Deus, que você será cheio (Mt 5.6). Não é possível ter fome "demais" de Deus. A profundidade de nosso desejo nos dá a medida da riqueza do que podemos receber de Deus. Jacó começou a lutar com o anjo como um homem orgulhoso, autossuficiente e voluntarioso. Mas, enquanto orava, ele desejava tanto Deus que determinou não largar o lutador angelical até que fosse abençoado. O anjo perguntou a Jacó o seu nome – que revelava sua necessidade. Jacó o disse e então o segurou até vencê-lo. Jacó (que significa "suplantador", "enganador"), depois de sua noite em oração, foi rebatizado como "Israel" ("príncipe com Deus"). Ele também recebeu a bênção da qual tanto necessitava (Gn 32.8-13,24-30; Os 12.4).

CHEIO DE DEUS, CHEIO DO ESPÍRITO

Moisés teve fome de ver a glória de Deus e permaneceu pedindo para vê-la até que Deus lhe deu o que ele desejava. Não sabemos quanto dos quarenta dias foram gastos desejando e tendo comunhão com Deus. Seja qual tenha sido o tempo, Moisés recebeu o que ele desejava (Êx 33.18) e desceu do monte brilhando com a glória de Deus (34.29-35).

Seriam as orações de Davi meras palavras? Você já compreendeu realmente a sede de sua alma? Ele clamou: Ó Deus [...] *minha alma tem sede de ti; meu ser anseia por ti em uma terra seca e exaurida [...] minha alma se apega a ti (Sl 63.1,8). Minha alma suspira e desfalece [...] meu coração e meu corpo clamam pelo Deus vivo (Sl 84.2). Espero no Senhor, minha alma o espera; [...] Espero pelo Senhor mais do que os guardas pelo amanhecer, sim, mais do que os guardas esperam pela manhã (Sl 130.5,6).* Quando sua alma tiver uma sede igualmente tão profunda de ser cheia do Espírito, não demorará até que você seja cheio a ponto de transbordar, até que uma enchente de bênçãos flua de seu interior para abençoar pessoas que se sentem áridas e sedentas.

Minha mãe se converteu na infância ao se ajoelhar em um altar numa igreja do interior ao ouvir um apelo para receber Cristo. Ela era tímida demais para orar em voz alta, mas seu coração clamou a Deus por misericórdia e ela passou a saber que Deus perdoava seus pecados. Ela sentiu a confirmação dada por Deus, a paz fluiu em seu coração e o Espírito testificou-lhe que ela era uma filha de Deus. Ao ajoelhar-se ali em silêncio, agradecendo a Deus por aquilo que ele havia feito ao dar a ela o novo nascimento, por alguma razão Deus lhe deu uma visão de uma escada se estendendo até os céus com anjos subindo e descendo por ela. Ela pensou que todos na igreja viam o mesmo. Somente então o evangelista disse ao pastor (ambos estavam ajoelhados próximos a ela): "Deus está aqui!" Mamãe pensou: "Porque certamente Deus está aqui. Porque até mesmo os seus anjos estão aqui! Vocês conseguem vê-los?"

PASSOS PARA A PLENITUDE DO ESPÍRITO

Mas mamãe logo descobriu que havia uma profunda necessidade espiritual ainda em seu coração. Ela possuía um temperamento quase incontrolável. Ela tinha muitas irmãs e irmãos, e com frequência, assim que ela havia esfregado e deixado limpo o chão da cozinha, uma de suas irmãs andaria de propósito pelo chão com os sapatos sujos. Em várias ocasiões, mamãe ficou tão brava que correu atrás da irmã ou bateu nela com uma vassoura. Depois disso ela se sentia envergonhada por seu temperamento e pedia perdão a Deus. Às vezes a mãe dela subia as escadas da casa da fazenda e mamãe a escutava chorando e orando a Deus para que ele libertasse sua filha daquele temperamento. Minha mãe ficava tão envergonhada que saía para chorar sozinha e prometia a Deus que ela nunca, nunca mais ficaria irada. Mas ela ficava!

Em sua adolescência, mamãe leria como Deus trabalhou poderosamente na igreja durante os dias dos apóstolos. Enquanto lia o livro de Atos, ela desejava que Deus se fizesse presente de novo, como naqueles dias. Ela conversou com seu pastor, que lhe disse que esse andar íntimo com Deus havia sido somente para a igreja dos dias dos apóstolos. Como ela ansiava por satisfazer sua necessidade espiritual, o único versículo que parecia lhe trazer esperança era *Bem-aventurados os pobres em espírito* (Mt 5.3). Sentindo que, se alguém era espiritualmente pobre, essa pessoa era ela, minha mãe procurou outro pastor para saber se ela poderia clamar aquela promessa para si. Ele deu sua explicação, e ela ficou decepcionada.

Certo dia, enquanto mamãe trabalhava na casa onde era empregada, Deus pareceu sussurrar-lhe: "Mas você não é cheia do Espírito?!" "Não, Senhor", ela respondeu. "Mas eu não pararei de orar até ser!" Ela dizia isso literalmente e orou por todo o dia enquanto trabalhava, e queria orar a noite toda, mas antes do amanhecer ela adormeceu. Ao acordar pela manhã, sentiu-se culpada por ter falhado em não orar. Ela pensou: "Como pode o Senhor encher-me com seu Espírito se minha vontade só vai até

CHEIO DE DEUS, CHEIO DO ESPÍRITO

esse ponto?" Por todo aquele dia ela tentou orar, com fome de Deus em seu coração, e naquela noite ela decidiu gastar a noite inteira em oração, mas, novamente, pegou no sono.

Na manhã seguinte (a terceira), ela levantou-se antes da família, orando desde o momento em que havia acordado. Enquanto acendia o fogo no fogão a lenha para preparar o desjejum para a família, ela cantava: "Vem ao meu coração, Senhor Jesus. Há lugar em meu coração para ti". Repentinamente, pareceu que o fogo celestial desceu sobre o seu coração e os desejos de sua alma foram satisfeitos. Ela se dirigiu da casa para o celeiro para tirar leite da vaca e estava tão feliz que começou a pular e a correr de alegria. Ela jamais havia ouvido um testemunho ou sermão sobre a plenitude do Espírito. Ela não havia lido um livro ou artigo sobre o tema. Mas Deus falou a ela por meio de sua própria Palavra. Ela pouco sabia do que tinha sede, mas Deus sabia, e sem a ajuda de ninguém ela ficou cheia do Espírito. Daquele momento em diante, ela se viu liberta de seu temperamento difícil.

Bem-aventurados os que têm fome e sede de justiça, pois serão saciados (Mt 5.6). Você não precisa ser capaz de explicar a teologia da vida cheia do Espírito. Tudo o que você precisa é ter fome. Existem derrotas em seu coração das quais você se envergonha? Você anseia pela vitória que Deus tem para você? Você possui mais fome pela plenitude do Espírito do que pelo seu alimento diário? Agora mesmo você pode, pela fome e a sede de seu coração, clamar a Deus e confiar nele para que ele o encha. Abra o seu coração ao ler este poema:

Enche-me mais e mais

Ó Espírito do Deus vivo,
Possui minha vida e alma.
Vem, enche e derrama teu amor
E toma completo controle.
Anseio por tudo o que tens para mim;
Tua plenitude é meu pedido.
Vem e domina-me totalmente;
Bendito Espírito, vem.

Coro:
Mais e mais é o que preciso;
Mais e mais é o que imploro.
Ó bendito Espírito, humilde peço,
Enche-me e usa-me.
Ó Espírito purificador,
Limpa-me de todo pecado.
Desejo de todo o coração
Tua santa chama em mim.
Queima tudo o que não presta –
Tudo aquilo que detestas.
Oh, enche-me com o teu melhor;
Inflama minha vida.

Ó Espírito redentor,
Derrama teu amor por meio de mim.
Vem, doce Espírito,
Dá-me do amor do Calvário.
Concede-me rios de amor;
Que fontes vivas nasçam de mim
Para alcançar os corações!
Ama este mundo por meio de mim.

Bendito Espírito, não demores,
Mas vem e enche-me com poder.

> Torna íntegro o meu coração;
> Começa agora a tua obra.
> Unge-me, enche-me mais e mais;
> Vem sobre mim vez após vez
> E usa-me mais do que nunca!
> Vem sobre mim hoje!
>
> WESLEY L. DUEWEL

3. Entregue todo o seu ser em completa rendição e consagração

Quando o Espírito Santo lhe revelar a santidade de Deus e sua própria necessidade profunda, quando você sentir tal fome inefável e tal sede insaciável pela plenitude do Espírito, como você poderá deixar de entregar tudo a Deus? O coração que é consumido com essa paixão irá alegremente entregar sua vida, talentos, ambições, posses e até mesmo seus entes queridos em total rendição a Deus. Isso é plena consagração. Como você pode deixar de entregar algo a Deus por quem você anseia tão intensamente? Tudo o que você é – seu passado, presente e futuro –, anseia por dar a ele que o amou e por você morreu.

Obedecer não é problema quando você deseja tudo o que Deus tem para você. Você não poderá mais esperar; ele não pode enchê-lo cedo demais. Ele não pode enchê-lo até ter você por inteiro. Esvazie-se o máximo que puder. Solte as rédeas de sua própria vida. Permita que Cristo seja o Senhor de toda a sua vida, pois a santidade é Cristo vivendo sua vida em você.

Em consagração você transfere a responsabilidade por sua vida a Deus. Ele possui o direito como soberano Senhor de lhe dizer como você deve gastar seu dinheiro, como deve usar seu tempo, como deve tomar decisões. Ele poderá guiá-lo por caminhos que você nunca considerou, mas ele escolherá somente o melhor. Você não pode cometer erros quando permite que Deus decida por você. Ele possui seu futuro em suas mãos. Que privilégio! Você não precisa se preocupar ou ficar ansioso, porque nada pode atingi-lo que não seja da vontade de Deus. Todas as coisas cooperarão para a glória de Deus e para o seu bem (Rm 8.28).

Pense o seguinte: Deus nos permite que nos convertamos de nossa vida indigna para si, e ele de boa vontade aceita a responsabilidade por nossa vida desde então. Ele promete viver e trabalhar por meio de nós. Devemos correr para seus braços. Como é possível hesitar um só momento em nos lançarmos pelo tempo e pela eternidade no coração amoroso de Deus!

4. Aproprie-se da plenitude do Espírito por meio de uma fé simples

Você tem experimentado a infinita pureza e santidade de Deus. Você tem experimentado sua própria indignidade – derrotas, fracassos e maldade de seu coração carnal. O seu coração clama a Deus por ajuda. Você anseia por ser purificado, por se tornar vitorioso, por ser cheio do Espírito de Deus. Você de bom grado se consagraria completamente a Deus e o faz. O que mais você poderia fazer senão correr para seus braços amorosos e lançar-se sobre ele agora e pela eternidade? Ele está esperando para enchê-lo com a plenitude do seu Espírito. Se um pai humano deseja dar coisas boas a seus filhos, muito mais deseja o seu Pai celestial dar-lhe da sua melhor e mais excelente dádiva, seu Espírito Santo, em toda a sua santa plenitude (Lc 11.9-13)!

Deus Pai deu seu único Filho para que você tivesse uma salvação livre e completa. Poderia então ele hesitar em aceitá-lo? Cristo, o Filho amado de Deus, tanto amou a igreja que entregou-se para santificá-la (Ef 5.25-27). Ele anseia que sua noiva seja santa e sem mancha. Ele hesitaria em santificá-lo? O Espírito Santo foi dado aos seres humanos para tornar eficaz neles o pleno plano da salvação. Ele está perto de nós, desejoso de nos encher. Por isso traga a ele o seu coração vazio e sedento. Creia e receba, pois esse foi o motivo pelo qual Cristo veio a este mundo (Ef 1.4) e por que Deus enviou o seu Espírito Santo. O objetivo da redenção é que Deus mesmo possa habitar em nós. Isso é a coisa mais próxima que podemos experimentar na terra da comunhão que Adão e Eva tinham com Deus no Éden. É esse o objetivo final? Não, graças a Deus, não! Esse é o enchimento inicial. Muito mais nos espera adiante!

Que eu me entregue

Senhor, que eu me entregue completamente a ti;
Tudo eu consagro – tudo, mais uma vez.
Tudo o que sou e tenho – dou a ti;
Em total rendição a teus pés.

Nada posso negar, Senhor;
Entrego tudo o que é meu a ti.
Toda a minha vida futura em tuas mãos;
Obedecerei a teus mandamentos todos.

Oh, que alegria entregar tudo!
Tudo é teu agora e sempre!
Tu és a causa deste dia feliz;
Fala o que queres e eu farei.

Deste dia em diante, não sou mais meu;
Tu és meu Rei soberano; meu coração, teu trono.
Tens minha vida desde agora.
Sou teu e teu somente. Usa-me, eu oro.

WESLEY L. DUEWEL

Peçam e recebam o Espírito

(Lucas 11.9-13)
Peçam e lhes será dado;
Busquem e é certo que acharão.
Batam e a porta abrirá –
Assim Cristo designou
Em relação ao seu Espírito;
Peça a Deus e confie.
A Palavra de Deus não falha;
Peça e lhe será dado.

Se presentear seus filhos
É um deleite para você,
Muito mais para o Pai celestial
Conceder-lhe vida.
Você não precisa de méritos
Além do sangue de Cristo;
Peça pelo Espírito Santo;
Peça a dádiva de Deus.

Se for a um amigo tarde
Em busca de pão,
Mesmo que as luzes estejam apagadas
E ele tenha ido dormir,
Mesmo que a porta esteja trancada
E ele na cama,
Se você continuar batendo,
Com certeza receberá!

O que quer que precisar –
Pureza, unção e poder,
Direção ou ajuda,
Você poderá receber.
Louve a Deus, pois não há limite
Ao que seu poder pode fazer.
Apenas receba o Espírito agora
E ele o encherá com poder.

WESLEY L. DUEWEL

Louvado seja Deus pela graça purificadora

Louve a Deus, de quem todas as bênçãos vêm.
Que graça poderosa ele nos concede!
Ele vem habitar nos homens,
Cumprindo sua vontade outra vez

Não há coração curvado pela derrota
Que não possa se ajoelhar aos pés de Jesus
E, por seu poder santificador,
Conhecer sua vitória plena em cada hora.

Não há coração tão cheio de si
Que Deus não possa purificar e encher de seu ser.
Ele cumprirá suas promessas
E encherá com seu Espírito.

Hoje é o dia de sua graça;
Ele sorri para você com sua face amorosa.
Ele anseia por torná-lo completo,
Para purificá-lo e fazê-lo belo.

Louve a Deus, de quem todas as bênçãos vêm.
Louve-o e sirva-o agora.
Abra seu coração para ele,
E ele o encherá com seu perfeito amor.

WESLEY L. DUEWEL

parte **2**

{ Seja transfigurado }

Transfiguração: o privilégio da vida cheia do Espírito

A transfiguração por meio do crescimento da vida cheia do Espírito é um privilégio e deveria ser o objetivo de todo filho de Deus cheio do Espírito. A transfiguração, ou o crescimento na vida de santidade, não é uma obra à parte da graça de Deus. Pelo contrário, é o amadurecimento da alma, guiado pelo Espírito, na plenitude dos dois grandes atos produzidos na alma do crente pelo Espírito Santo – ser nascido do Espírito e ser cheio do Espírito. Ser cheio do Espírito não é o objetivo final da obra de Deus em sua alma. Você é cheio do Espírito para que você possa ser transfigurado pelo Espírito.

Você pode ser cheio do Espírito em um instante, mas a transfiguração é um processo do Espírito. Somos santificados pelo enchimento do Espírito de modo que possamos crescer na maturidade de sermos semelhantes a Cristo. A transfiguração de Cristo na montanha não se deu pelo brilho dos céus sobre ele. Foi a glória de Deus irradiando dele. A transfiguração do cristão não é um halo enviado do céu para coroá-lo. É o brilho da Santa Trindade que habita em você. É o brilho da presença do Pai, da semelhança com Cristo, o Filho de Deus, que habita em você, a glória do

Espírito Santo expressando seu fruto natural personalizado em sua vida.

A santa *Shekinah*, a gloriosa nuvem de fogo, foi removida simbolicamente do templo do Antigo Testamento, assim como havia profetizado Ezequiel (Ez 11.22-24). Isso provavelmente aconteceu alguns anos antes do Exílio, e ela permaneceu ausente por quatrocentos anos. Ezequiel anteviu que um dia a glória da *Shekinah* retornaria (43.1-5). Isso se cumpriu no dia de Pentecostes, quando a glória veio sobre o cenáculo e então se dividiu em línguas como de fogo que repousaram sobre a cabeça de cada um que havia sido cheio do Espírito (At 2.2,3). A glória de Deus não mais habitava um edifício; agora ela habitava em cada crente consagrado. A *Shekinah* deve ser personalizada na vida de cada crente santificado, cheio do Espírito. Prostre-se, maravilhado, diante de Deus, em gratidão, amor e adoração! Estamos caminhando em terreno sagrado! Quem é suficiente para essas coisas (2Co 2.16)? Ninguém! Mas nosso Deus todo-suficiente anseia por realizar essas coisas em sua caminhada com ele em uma vida cheia do Espírito.

Seu objetivo como cristão é ser semelhante a Cristo, o Espírito Santo formando a imagem de Cristo em você, transfigurando sua vida diária e tocando sua vida com glória. Essa maravilhosa verdade bíblica não é apenas uma bela declaração poética ou figura de linguagem; ela é uma realidade espiritual verdadeira. Deus quer dizer simplesmente o que ele diz: nós podemos ser transfigurados. Devemos nos humilhar perante Deus e com uma fé desejosa nos apropriar de toda a graça que Deus providenciou para nós. A transfiguração na verdadeira semelhança com Cristo é para você e para mim hoje.

Em Mateus 17.1,2, lemos acerca da transfiguração de Jesus Cristo, em que a palavra grega usada é *metamorphomai*, a mesma utilizada em Romanos 12.2, *transformai-vos*, onde seria mais bem traduzida

A obra interior do Espírito

O Espírito Santo derrama
Seu santo amor em minha alma.
Posso assim alegrar a Deus
Ao adorá-lo e exaltá-lo.
Seu amor preencheu onde antes meu ego reinava;
Seu amor me satisfaz plenamente.
Meu coração faminto celebra sua riqueza;
Ele transborda em satisfação.

Como posso ser a noiva do Salvador
Até o Espírito me preparar,
Até poder estar ao lado de Deus,
Adornado com sua própria graça?
Oh, não me tente com coisas terrenas;
O céu divino já habita em mim.
Tudo mais considero inútil –
Deus agora habita no coração que conquistou!

A cada dia quero ser mais parecido;
Cada dia mais graça recebo.
Sua imagem em mim ele forma
Quando obedeço, amo e confio.
Os dias passam tão levemente
Enquanto me preparo para meu noivo.
Cada momento aproxima o dia
Quando toda a sua glória irei partilhar.

O fruto do Espírito eu agora desfruto;
A batalha da carne agora é passado.
Sua paz em mim nada poderá destruir
Enquanto exploro sua vasta graça.
Que ele me encha mais e mais
E me prepare para o encontro com Cristo.
Em breve o adorarei face a face
E casarei com meu Salvador nos ares.

WESLEY L. DUEWEL

CHEIO DE DEUS, CHEIO DO ESPÍRITO

por "transfigurai-vos". A palavra é usada mais uma vez, para se referir a nós, em 2Coríntios 3.18. Por que o Espírito Santo usa a mesma palavra para se referir à glória da presença de Deus nos crentes (2Co 3.18) e para a glória da *Shekinah* do Deus triúno? É a glória que brilhava do meio dos querubins no templo que brilha em nossa face indigna quando somos cheios do Espírito? Não pode haver outra conclusão. Por que o Espírito Santo usa a mesma palavra para Cristo, a imagem do Deus invisível (2Co 4.4), para se referir a nós quando somos conformados à imagem de Cristo (2Co 3.18)?

Por quê? Porque devemos revelar em nossa vida a imagem de Cristo da mesma maneira que Cristo manifestou a imagem de Deus Pai. Quando Filipe disse *mostra-nos o Pai*, Jesus pôde perguntar: *Filipe* [...] *ainda não me conheces? Quem vê a mim, vê o Pai* (Jo 14.8-10). Podemos de fato dizer para as pessoas: "Observe minha vida e você verá a imagem de Jesus", ou: "Eu sou cheio do seu Espírito e ele está literalmente me transfigurando na sua semelhança"? Que Deus nos perdoe se falhamos em pregar, ensinar e manifestar o mais alto padrão da transfiguração do crente cheio do Espírito pela habitação do Espírito Santo. Esta é a vida santa que Deus deseja que experimentemos mais e mais, à medida que crescemos em graça ao sermos cheios do Espírito.

O Espírito Santo, o grande mestre (Jo 16.13), associou três conceitos – nossa transfiguração, nosso ser conformado à imagem de Cristo e a glória da *Shekinah* de Deus em nós – como o resultado do processo de crescimento que ocorre depois que somos cheios do Espírito. Enquanto as raízes de amargura de nossa natureza carnal e pecaminosa existirem dentro de nós (Hb 12.15), a doce e santa imagem de Cristo é desfigurada por nossa carnalidade. É por isso que a transfiguração é um processo que tem lugar após sermos santificados pelo enchimento do Espírito Santo.

Paulo escreve: *e vos revestistes do novo homem, que se renova para o pleno conhecimento, segundo a imagem daquele que o criou*

(Cl 3.10). Somos feitos à imagem de Deus começando com uma crítica experiência instantânea de santificação quando recebemos a plenitude do Espírito Santo e, então, pelo processo de transfiguração no qual somos continuamente cheios do Espírito, na medida em que desejamos, pedimos (Lc 11.13) e obedecemos a Deus (At 5.32). Romanos 12.2 nos diz que não devemos nos conformar com este século, mas sermos transfigurados pela renovação de nossa mente – ou seja, pelas novas ideias que devem moldar nossa mente.

Cristo é nosso ideal. À medida que o Espírito que em nós habita nos revela mais e mais da beleza e da santidade de Cristo (pois somente os puros de coração podem realmente ver a Deus – Mt 5.8; Hb 12.14) e nós, assim, temos um ideal de semelhança com Cristo mais glorioso e completo diante de nós, desejamos mais intensamente ser como ele.

Assim que o Espírito Santo conforma nosso espírito ao novo ideal que ele coloca diante de nós, somos capazes de uma revelação de Cristo ainda mais renovada, até mesmo mais completa. O Espírito Santo, em seu total senhorio de nossa vida cheia do Espírito, conforma nosso espírito desejoso e rendido ao seu mais elevado ideal, e somos transfigurados passo a passo, de modo cada vez mais elevado, na imagem de Cristo, que é a imagem do Deus invisível (Cl 1.15).

Por exemplo, talvez o Espírito lhe dê um entendimento espiritual mais aprofundado acerca da paciência de Cristo. Ele o impele a ansiar para que sua paciência pessoal seja multiplicada em toda graciosa e longânima paciência de Jesus. Você ora: "Maravilhoso Jesus, dá-me mais e mais de tua santa paciência, de modo que cada palavra, pensamento e ação de minha parte demonstrem sua bela paciência concedida pelo Espírito". Como um filho de Deus desejoso dele, você é conformado pelo Espírito até sua vida refletir a santa paciência do próprio Jesus.

Talvez o Espírito então lhe dê, como um cristão cheio do Espírito em amadurecimento, uma nova revelação daquilo que Jesus quis

CHEIO DE DEUS, CHEIO DO ESPÍRITO

dizer quando afirmou: *aprendei de mim, que sou manso e humilde de coração; e achareis descanso para a vossa alma* (Mt 11.29). Seu coração imediatamente clama: "Ó Senhor, dá-me mais da doce amabilidade de Jesus. Torna minha natureza gentil e doce como a de Jesus". Você percebe mais plenamente o que o Espírito Santo quis dizer quando guiou Paulo a escrever: *com toda humildade e mansidão, com paciência, suportando-vos uns aos outros em amor* (Ef 4.2).

À medida que você continua a pedir ao Senhor para construir seu caráter em você, o Espírito o amadurece e o torna mais parecido com Jesus, e você, assim, reflete mais da glória da *Shekinah* de Deus. Como Provérbios 4.18 diz: *Já a vereda dos justos é como a luz da aurora, que vai brilhando cada vez mais, até ficar completamente claro.* E como o Espírito disse por meio de Daniel: *Os que forem sábios resplandecerão como o fulgor do firmamento; e os que converterem a muitos para a justiça, brilharão como as estrelas, sempre e eternamente* (Dn 12.3).

O objetivo do Espírito para você é tornar sua personalidade mais atraente para Jesus, torná-lo mais radiantemente belo como sua noiva. Paulo nos diz: *Cristo amou a igreja e a si mesmo se entregou por ela, a fim de santificá-la [...] para apresentá-la a si mesmo como igreja gloriosa, sem mancha, nem ruga, nem qualquer coisa semelhante, mas santa e irrepreensível* (Ef 5.25-27).

Em 2Coríntios 3.16-18, Paulo explica nossa transfiguração ainda mais: *Quando alguém se volta* [em arrependimento] *ao Senhor, o véu lhe é rasgado e retirado. Agora, o Senhor é o Espírito, e onde está o Espírito do Senhor, há liberdade* [emancipação das cadeias, libertação]. *E todos nós, como que com a face descoberta,* [porque] *continuamos a contemplar* [na Palavra de Deus] *como em um espelho a glória do Senhor, somos constantemente sendo transfigurados em sua própria imagem em um esplendor cada vez maior e de um grau de glória a outro;* [pois isto procede] *do Senhor* [que é] *o Espírito* (*AMP*).

TRANSFIGURAÇÃO: O PRIVILÉGIO DA VIDA CHEIA DO ESPÍRITO

Tal crescimento na graça é o propósito do Espírito, e o cristão espiritualmente saudável, cheio do Espírito, o deseja intensamente. Um desejo por ser semelhante a Cristo tem movido o coração de muitos compositores de hinos. Ouça as palavras conhecidas de Eliza Hewitt:

Mais de Jesus quero conhecer,
Mais de sua graça a outros demonstrar;
Mais de sua plenitude salvadora ver,
Mais de seu amor que morreu por mim.

Mais sobre Jesus quero aprender,
Mais de sua santidade discernir;
Espírito de Deus, sê meu mestre,
Ensinando-me as coisas de Cristo.

A oração de Charles Wesley em "Amor divino" visa também a perfeição cristã:

Completa, assim, tua nova criação,
Que sejamos puros e sem mancha;
Que vejamos tua salvação
Perfeitamente restaurada em ti.
Transformados de glória em glória,
Até que cheguemos ao céu,
Até depositarmos nossa coroa a teus pés,
Mergulhados em adoração, amor e louvor.

Thomas Chisholm também orou em "Oh, ser como tu!":

Oh, ser como tu! Bendito redentor,
Este é meu anseio constante e minha oração.
Com alegria desistirei de todos os tesouros terrenos,
Jesus, para me vestir de tua perfeita imagem.

A beleza da santidade

Embeleza teu povo, Senhor,
Com tua graça purificadora.
Recompensa agora nossa confiança em ti
Enquanto buscamos tua santa face;
Purifica-nos agora, ó Deus,
Com o precioso sangue purificador.

Retira de nós os traços da carne;
Enche-nos com teu perfeito amor.
Destrói todo ciúme e ódio
Com teu fogo vindo de cima.
Inflama nosso coração de luz,
Brilhando com tua glória radiante.

Que o fruto amoroso do Espírito –
Paciência, humildade, bondade –
Crie raízes em nosso interior,
Crescendo em amor.
Que as flores dele em nós se abram
Com o aroma de teu doce perfume.

Embeleza tua igreja, ó Senhor,
Até que o mundo veja
Todas as glórias de tua Palavra
Refletidas em pureza.
Ajuda-nos a expressar teu grande amor
Belo em santidade.

WESLEY L. DUEWEL

Coro:

Oh, ser como tu! Oh, ser como tu,

Bendito redentor, puro como és!

Vem com tua doçura, vem com tua plenitude!

Estampa tua própria imagem no fundo do meu coração!

Por quanto tempo pode continuar esse desejo de crescer em Cristo? Paulo tem a resposta: *E eu estou certo disto: aquele que começou a boa obra em vós irá aperfeiçoá-la até o dia de Cristo Jesus* (Fp 1.6). O processo de transfiguração não cessará até que Jesus volte e nos leve para si mesmo em sua segunda vinda ou nos tome por meio da morte para a glorificação final. Seremos como ele, pois o veremos como ele realmente é em toda a sua glória transfigurada (1Jo 3.2). João continua com uma santa lógica: *E todo o que tem nele essa esperança purifica a si mesmo, assim como ele é puro* (v. 3).

Crescendo na
transfiguração:
nossa responsabilidade

Já temos visto como a transfiguração espiritual nos é apresentada como a provisão de Deus para a pessoa cheia do Espírito. Por termos sido criados à imagem de Deus para que possamos ser habitados e cheios do Espírito, este é o grande desejo de Deus Pai, Filho e Espírito Santo. E, em completo respeito à nossa piedosa livre escolha, Deus espera que tenhamos a iniciativa no processo de transfiguração.

O Espírito Santo tomou a iniciativa de revelar o plano glorioso de Deus ao inspirar os escritores bíblicos. Ele também toma a iniciativa de nos dar um desejo santo de nos aproximarmos de Deus. Ele nos encoraja ao abençoar cada resposta nossa à sua santa aproximação. E quanto mais ele nos revela o amor de Cristo por nós, mais ansiamos por estar próximos dele. Cantemos na companhia da compositora Fanny Crosby:

> Oh, o puro prazer de uma hora singular
> Que perante teu trono experimento,
> Quando me ajoelho em oração e contigo, meu Deus,
> Tenho comunhão como um amigo com outro amigo!

Há profundezas de amor que não posso conhecer
Até cruzar o mar estreito;
Há alturas de alegria que não posso alcançar
Até descansar em paz em tua companhia.

Coro:
Leva-me para perto, cada vez mais perto, bendito Senhor,
Da cruz onde morreste;
Leva-me perto, cada vez mais perto e perto, bendito Senhor,
De teu precioso sangue.

FANNY J. CROSBY

Nosso coração clama a nosso amado Senhor como nas palavras do amado à sua amada em Cântico dos Cânticos 1.4: *Leva-me contigo! Corramos!* À medida que ele nos leva para cada vez mais perto de si e que nós respondemos com um intenso e generoso amor, somos transfigurados pelo Espírito com o cumprimento da promessa generosa de Deus: *Achegai-vos a Deus, e ele se achegará a vós* (Tg 4.8). Precisamos concordar com Asafe: *Mas, para mim, bom é estar junto a Deus* (Sl 73.28).

Pedro declara: *Seu divino poder nos tem dado tudo que diz respeito à vida e à piedade, pelo pleno conhecimento daquele que nos chamou por sua própria glória e virtude, pelas quais ele nos deu suas preciosas e mais sublimes promessas para que, por meio delas, vos torneis participantes da natureza divina, tendo escapado da corrupção que há no mundo por causa da cobiça* (2Pe 1.3,4).

"Participar em", no Novo Testamento grego, é *koinonoi*. Somos "parceiros, auxiliares, companheiros de Deus", participaremos e compartilharemos na natureza divina – *phuseos*. O *Greek-English Lexicon of the New Testament* de Thayer diz acerca dessa palavra: "a santidade característica da natureza divina é especialmente referida a".[1] O Espírito Santo nos conforma de tal modo à santidade de Deus que partilhamos em sua natureza. Precisamos escolher crescer nessa semelhança santa. Nossa resposta ao Espírito, nossa cooperação, é descrita assim: *Por isso mesmo, empregando todo o vosso esforço, acrescentai a virtude à vossa fé, e o conhecimento à virtude, e o domínio próprio ao conhecimento, e a perseverança ao domínio próprio, e a piedade à perseverança, e a fraternidade à piedade, e o amor à fraternidade* (2Pe 1.5-7). Imediatamente, no versículo seguinte, somos desafiados a "possuir estas qualidades aumentando cada vez mais". Em outras palavras, Deus nos transfigura à medida que respondemos positivamente ao Espírito, seguimos a direção do Espírito e escolhemos continuar sendo transfigurados.

Pense sobre o que Deus tem revelado aqui em sua Palavra inspirada: podemos sempre nos aprofundar em nossa vida espiritual. Podemos sempre receber mais da beleza e da glória de Deus que nos são dadas pelo Espírito. E isso nos garantirá uma recompensa ainda maior na eternidade, pois Deus recompensará cada um de seus filhos acima e além do que merecem. Do mesmo modo, recompensas ainda maiores serão dadas a todos os que enfatizam o amor a Deus, o crescimento na graça, o amor e o serviço aos outros (1Co 3.11-14).

Quanto mais fizermos do reino de Cristo nossa prioridade aqui e agora, mais Cristo nos recompensará com as bênçãos do seu reino na eternidade. Tudo o que fizermos por amor a Jesus, tudo o que fizermos para agradá-lo, tudo o que fizermos para glorificá-lo e estender o seu reino será generosamente recompensado por Deus na eternidade. Pelo fato de que essas recompensas durarão eternamente, não

---

[1]THAYER, Henry Joseph. *Greek-English Lexicon of the New Testament.* New York: Harper & Brothers, 1889, p. 661.

CHEIO DE DEUS, CHEIO DO ESPÍRITO

podemos fazer nada mais sábio, mais recompensador e mais certo de múltiplos benefícios espirituais. Deus, em sua inesgotável sabedoria, possuirá sempre novas maneiras, cada vez mais abençoadas, de nos revelar sua amorosa bondade, e cada vez mais santas surpresas de sua graça, amor e poder.

As gloriosas revelações que Deus compartilhará conosco e os momentos repletos de alegria que ele planejou para experimentarmos continuarão sendo revelados à medida que os dias eternos sucederem uns aos outros. Nosso vocabulário humano presente é limitado demais para começar a descrever as glórias que nos aguardam. Somente o vocabulário celestial é capaz de descrever tudo o que Deus está planejando para aqueles que o amam. Paulo faz uma breve menção disso em 2Coríntios 12.1-4. Deus lhe permitiu por um breve momento ser tão espiritualmente sequestrado que ele não pôde saber se estava *no corpo ou fora do corpo*. Paulo experimentou um arrebatamento celestial que o retirou deste mundo normal e o transportou de repente ao paraíso, onde ele ouviu *palavras inexprimíveis, as quais não* é permitido *ao homem mencionar*.

A mesma palavra grega é usada para a ação do Espírito de arrebatar Paulo ao terceiro céu (2Co 12.2), e é também usada para o arrebatamento de Filipe, pelo Espírito, da estrada de Gaza, para Azoto (At 8.39,40). A mesma palavra é usada também em 1Tessalonicenses 4.17 para descrever como Jesus arrebatará, ou "sequestrará", seus santos de sua vida terrena normal para a sua presença, *nos ares*. Claramente, esse será um momento instantâneo, cheio de alegria e glória, quando nosso corpo terreno será transformado em corpo espiritual (1Co 15.44) que poderá experimentar daquele momento em diante as alegrias eternas e as glórias celestiais.

Por que Deus planeja esse glorioso, porém momentâneo, antegozo do que virá a ser abençoadamente natural para nós na eternidade? Ele deseja que tenhamos um vislumbre momentâneo do céu e de suas glórias, de modo que tenhamos a certeza de quão

CRESCENDO NA TRANSFIGURAÇÃO: NOSSA RESPONSABILIDADE

ricamente maravilhosas essas realidades espirituais são. Mas as glórias celestiais não serão experimentadas da mesma maneira por todos.[2] Apesar do fato de que todos os cristãos estarão no mesmo céu, nem todos os crentes desenvolvem agora suas capacidades espirituais numa mesma medida. Muitos estão falhando em preparar sua alma para a glória eterna.

Nem todos os cristãos receberão um corpo glorificado no céu? Com certeza, receberão. Mas haverá uma relação definida de recompensas entre a proximidade e o zelo de nossa caminhada com Deus aqui e o privilégio de nosso papel e experiência no céu. Teremos heranças pessoais diferentes no céu, assim como temos diferentes graus de participação nas bênçãos espirituais do reino aqui.

As bênçãos de Deus estão igualmente disponíveis para serem apropriadas por meio de nossa fé e obediência. O crescimento na graça não resulta de um "raio" divino sobre nós, mas de nossa apropriação pessoal. As provisões da graça de Deus estão à disposição de todos, mas não são igualmente desejadas ou apropriadas por todos. Assim como Maria escolheu o que é melhor (sentar-se aos pés de Jesus), e Jesus disse que isso não lhe seria tirado (Lc 10.42), assim também a escolha de nossas prioridades espirituais corretas agora produzirão bênçãos eternas resultantes que nunca se esgotarão ou serão retiradas de nós.

Precisamos fazer uso de oportunidades espirituais enquanto as temos, assim como Maria escolheu sentar-se aos pés de Jesus. Aproveite as oportunidades de crescimento na graça enquanto você as tem. Escolha dar prioridade ao desenvolvimento do fruto do Espírito. Escolha desenvolver sua vida de oração. Você deve escolher se fará do crescimento sua prioridade.

---

[2]Veja Mateus 6.6; 10.41,42; 16.27; 1Coríntios 3.8; Gálatas 6.8,9; Colossenses 3.23,24; Hebreus 11.26; 2João 8; Apocalipse 11.18.

CHEIO DE DEUS, CHEIO DO ESPÍRITO

A oração de Pedro em 2Pedro 1.2 era a de que seus leitores recebessem graça e paz em abundância. Assim, nos versículos 5-7 ele lhes roga que acrescentem uma virtude piedosa a outra, enfatizando a urgência de crescer de modo que possamos abundar nessas qualidades. Desse modo, não seremos *ociosos nem infrutíferos* (v. 8). Ele nos roga a empregar todo o esforço para acrescentar a bondade, o conhecimento, o autocontrole, a perseverança, a piedade, a fraternidade e o amor. Ele nos exorta a não nos contentarmos com nossa vida espiritual, mas a continuamente crescermos no fruto do Espírito.

Se entendermos a eternidade como o Espírito Santo a entende, faremos da produção do fruto do Espírito a nossa santa prioridade. Nada é mais urgente ou mais recompensador eternamente. É por essa razão que ele providenciou para que sejamos cheios do Espírito aqui e agora, na terra. Ele deseja que nossos dias eternos sejam os mais gloriosos possíveis. Não perca tudo o que Deus Pai anseia lhe dar por toda a eternidade – graça sobre graça e glória sobre glória.

Estes são os dias da qualificação para essas bênçãos, os dias de semeadura. A eternidade trará os dias de redenção, os dias gloriosos da colheita. Deus possui uma colheita de glória planejada para você. Ele o mantém vivo de modo que você possa crescer mais e mais na semelhança com Jesus. Não perca o que Deus quer lhe dar, fracassando em dar prioridade à tarefa de ser transfigurado, pelo Espírito, na semelhança cada vez mais crescente com Jesus.

{14}

Vida e face radiantes

Alguns dos filhos de Deus não apenas viveram de glória em glória, em santa semelhança com Cristo (2Co 3.18), mas também Deus os habitava de tal maneira que sua vida e até mesmo sua face tornaram-se radiantes em alguns momentos por causa de sua presença. Não deveríamos nos surpreender pelo fato de que aqueles que se tornaram muito próximos de Deus, vivendo em profunda amizade, intimidade e comunhão com ele, algumas vezes refletiram em sua face a glória radiante de seu Senhor ascendido aos céus. Assim como Jesus, o Filho de Deus, reflete o fulgor da glória de Deus (Hb 1.3), assim também podemos com nossa face descoberta refletir a glória do Senhor à medida que somos transformados em sua semelhança com uma glória cada vez maior, que vem do Senhor, que é o Espírito (cf. 2Co 3.18).

Davi disse: *Olhai para ele e ficai radiantes* (Sl 34.5). O Espírito Santo se agrada em dar toques de sua beleza e fulgor como um selo visível de seu amor, aprovação e identidade conosco.

Moisés

Mesmo nos dias do Antigo Testamento, Moisés se tornou tão próximo de Deus em espírito que Deus lhe permitiu subir no monte Sinai enquanto este estava encoberto com o fogo impressionante da

Shekinah de Deus. Moisés amava e adorava a Deus de tal modo, e assim ansiava por conhecê-lo mais intimamente, que por ordem de Deus ele se aproximou da manifestação da glória de Deus em fogo num grau maior do que qualquer ser humano já havia experimentado. Leia sobre sua santa fome de Deus em Êxodo 33.12-23 e 34.5-10.

Moisés encontrou-se com Deus dentro do fogo da glória por duas vezes, quarenta dias cada vez. Ele estava sobrenaturalmente protegido, sustentado e preservado pela presença graciosa de Deus. Ele não comeu, nem bebeu, e mesmo assim foi mantido vivo, forte e saudável. Moisés entrou na nuvem da presença manifesta de Deus e esteve *face a face* com ele (Êx 33.11; Dt 34.10).

Quando Moisés desceu após os oitenta dias com Deus, ele não percebeu que sua face brilhava com o fulgor de Deus que havia saturado o seu ser (Êx 34.29-35). Estêvão pode ter manifestado um fulgor desse tipo quando se colocou perante o Sinédrio, pois a Escritura diz: *seu rosto era como de um anjo* (At 6.15). E, em um grau menor, algo da mesma beleza pode ser visto às vezes, em vislumbre, na face dos filhos de Deus hoje.

Savonarola

Durante os dias espiritualmente escuros antes da Reforma, Savonarola foi um santo e mártir por Cristo. Ele conhecia a maior parte da Bíblia de cor e frequentemente dedicava noites inteiras em oração e dias em jejum e oração. Ele pregava sem temor o evangelho e condenava o pecado. Deus lhe deu profecias extraordinárias que se cumpriram em detalhes e por meio dele enviou um poderoso avivamento que durou oito anos em Florença, na Itália. Às vezes, quando Savonarola pregava, uma luz divina parecia reluzir de seus olhos e brilhar em sua face.[1]

---

[1] Lawson, James Gilchrist. *Deeper Experiences of Famous Christians*. Anderson, IN: Warner Press, 1911, p. 84.

George Whitefield

Quando George Whitefield, poderoso evangelista nos dias de John Wesley, pregava para milhares de pessoas, ele frequentemente começava a chorar antes de terminar sua pregação. Às vezes, ele se tornava "radiante com a luz dos céus", e os olhos de muitos se fixavam nele.[2]

John Fletcher

John Fletcher, piedoso colaborador de John Wesley, um homem constantemente dedicado ao jejum e à oração, ficou conhecido por sua vida de santidade. Wesley o considerava o homem mais santo que ele havia conhecido. Quando ele foi presidente do *Trevecca College*, os alunos costumavam deixar qualquer tarefa para ouvi-lo falar. Ele lhes ensinou vez após vez que ser cheio do Espírito era mais importante do que todo o estudo deles, e ele próprio dedicava horas de joelhos orando em favor deles, para que fossem cheios do Espírito. Certa vez, enquanto orava, Fletcher se sentiu tão revestido pelo amor e poder do Espírito que clamou: "Oh, meu Senhor, retira tua mão de mim, ou este vaso explodirá".[3]

Charles G. Finney

Charles G. Finney, um dos maiores evangelistas desde o Pentecostes, vivia em constante consciência da presença de Deus. Certo dia, ao aproximar-se da igreja onde deveria pregar, "uma luz perfeitamente inefável" brilhou sobre sua alma e quase o fez prostrar-se no chão.

---

[2]McLeister, Clara. *Men and Women of Deep Piety*. Cincinnati: God's Bible School and Revivalist, 1920, p. 511.
[3]Lawson, *Deeper Experiences*, p. 198-199.

CHEIO DE DEUS, CHEIO DO ESPÍRITO

Pareceu-lhe mais brilhante que o sol do meio-dia. Ele aprendeu a batalhar poderosamente em oração; muitos foram salvos e outros foram curados em resposta às suas orações.

Algumas vezes, quando Finney pregava, quase toda a audiência se colocava de joelhos em oração, e "por vezes [...] o poder do Espírito parecia descer sobre ele como uma nuvem de glória".[4]

Jonathan Goforth

Jonathan Goforth, um missionário presbiteriano canadense que viveu há um século, foi um homem de Deus cheio do Espírito poderosamente usado no reavivamento na China. Um de seus amigos disse que sempre havia um senso da presença do Senhor vindo dele.[5] Outra pessoa afirmou: "ele foi alguém que andou com Deus" e acrescentou que seu falar e agir pareciam irradiar o sentimento da presença de Deus. "Lembro-me de ter a mesma bendita percepção quando na presença do dr. Hudson Taylor e do dr. A. J. Gordon e de mais uma ou duas pessoas apenas."[6]

Um empresário de Toronto disse de Goforth: "[...] sua religião e seu amor em ajudar outros brilhavam em sua face".[7] Outro amigo relatou que "era uma alegria o simples fato de vê-lo, pois sua face radiante era uma testemunha verdadeira de suas palavras: *para mim o viver é Cristo*".[8] Um chinês disse que era impossível olhar para a sua face e não amá-lo e crer no que ele dizia.[9]

Na última fase de sua vida, Goforth ficou cego. Ele pregou sua última mensagem em Toronto. "Quando o sr. McPherson guiou o

---

[4]Ibidem, p. 255.
[5]GOFORTH, Rosalind. *Goforth of China*. Grand Rapids: Zondervan, 1937, p. 361.
[6]Ibidem, p. 351.
[7]Ibidem, p. 38.
[8]Ibidem, p. 363.
[9]Ibidem, p. 91.

dr. Goforth até o púlpito, ele caminhou com passos firmes, a cabeça ereta, e sua face brilhou com a alegria de Cristo; os olhos cegos fixaram-se para a frente, como se ele pudesse enxergar. A congregação escutou-o com atenção especial e em silêncio, como que experimentando uma alegria radiante; e, como se visse o Senhor a quem ele amava, ele pregou sua mensagem (sobre o reavivamento na Coreia) no poder do Espírito." Muitos dos presentes falaram do brilho de sua face enquanto ele ensinava. Às 7 horas em ponto da manhã seguinte, ele morreu enquanto dormia, e o próximo rosto que viu foi o de Jesus.[10]

Duncan Campbell

Certa ocasião, quando o rev. Duncan Campbell, um querido amigo meu da Escócia, desceu do púlpito para batizar uma pessoa, a glória de Deus brilhou tão intensamente em sua face que um ex-tenente do exército, sentado próximo, teve dificuldade em olhar para ele. Algumas horas depois, o tenente foi maravilhosamente salvo enquanto o sr. Campbell orava.[11]

Em diversas ocasiões, durante o ministério de Campbell, outros foram atraídos pela glória de Deus em sua face. Às vezes, alguns de seus alunos da Escola Bíblica de Fé e Missão hesitavam em olhar diretamente para o seu rosto, pois sentiam intensamente a presença de Deus nele. Uma noite, em Aberdare, na Escócia, seis rapazes que sentavam juntos viram "a glória de Deus" vindo sobre ele enquanto ele pregava. Eles se prostraram no chão, chorando. Deus tocou profundamente a congregação, e cada um dos presentes se arrependeu e renovou seu compromisso naquela noite.[12]

---

[10]Ibidem, p. 347-348.
[11]WOOLSEY, Andrew. *Duncan Campbell – A Biography*. London: Hodder & Stoughton, 1974, p. 94.
[12]Ibidem, p. 181-182.

Robert Murray M'Cheyne

O amado escocês Robert Murray M'Cheyne ansiava: "Oh, por uma comunhão mais íntima com Deus, até que alma e corpo – cabeça, face e coração – brilhem com o brilho divino! Mas, oh, por uma santa ignorância de nosso brilhar!"[13]

Após a morte de M'Cheyne, chegou uma carta de alguém que escutou seu último sermão. "Espero que perdoe que um estranho lhe escreva algumas poucas linhas. Escutei-o pregar na última noite de sábado, e Deus agradou-se de abençoar aquele sermão em minha alma. Não foi tanto o que o senhor disse, quanto sua maneira de falar, que me tocou. Vi no senhor uma beleza de santidade que nunca havia visto."[14]

O dr. D. Martyn Lloyd-Jones escreveu:

> Quando a igreja está em estado de avivamento, você não precisa exortar as pessoas a louvar; você não consegue pará-las, de tanto que estão movidas por Deus. A própria face delas revela isso. Elas estão transfiguradas. Há um aspecto celestial que se apresenta em seu rosto que expressa essa alegria. Não conseguimos ver que esta é a necessidade da igreja hoje? [...] Quando o Espírito Santo desceu, as pessoas ficaram cheias dessa alegria. Não se trata de um fingimento superficial e carnal, mas de algo que brota do interior; o poder do Espírito irradia por toda a personalidade e traz uma alegria "inefável e cheia de glória".[15]

Deus não nos promete manifestar sua glória visivelmente, e nós não deveríamos orar por manifestações visíveis e espetaculares do poder de Deus em glória. Mas às vezes, talvez por breves

---

[13]SHEARER,John. *Old Time Revivals*. London: Pickering & Inglis, n.d., p. 76.
[14]Ibidem, p. 77.
[15]LLOYD-JONES, Martyn. *Revival*. Westchester, IL: Crossway, 1987, p. 206.

momentos, Deus concede a seus seguidores que o desejam intensamente um breve vislumbre visível de sua glória. Eles não buscam isso e, como Moisés, estão inconscientes do que outros podem ver. Eles não estão preocupados consigo mesmos e são humildes. Eles se deleitam no Senhor, anseiam por mais dele e se dedicam à oração e ao serviço de Deus. Então, quando estão mais intensamente sedentos por mais de Deus, sem que percebam, Deus permite que sua presença oculta em seu coração seja docemente vista em sua face. O poema seguinte expressa esse tipo de manifestação.

Habitado

Não apenas nas palavras que diz,
Não apenas em suas obras realizadas,
Mas, do modo mais inconsciente,
Cristo se expressa!

Não foram as verdades que ensinou,
Tão claras para você, tão novas para mim,
Mas, quando você veio a mim, trouxe
A presença de Cristo.

Por meio de seus olhos, ele me toca,
E do seu coração o amor dele se derrama,
Até que eu perca você de vista – e enxergue
Cristo em vez de você.

ANÔNIMO

{15}

Poder e unção
por meio do Espírito

O Espírito Santo deleita-se em derramar seu poder nos crentes, vez após vez, e em medida cada vez maior. Deus não pode confiar seu poder a um coração que não se rende, que não está crucificado e que não está santificado. Somente aquele que está purificado pode receber poder no sentido pleno. A unção do Espírito habita em nós (1Jo 2.27) para dar poder, equipar, ensinar e usar-nos gloriosa e miraculosamente. Ele habita dentro de nós e está disponível a todo momento para prover de acordo com nossa necessidade. Oh, como temos negligenciado o ensino e a pregação sobre o papel das repetidas unções por meio do Espírito que nos enche!

Muitas pessoas piedosas parecem frequentemente testificar, pregar, escrever, ensinar ou realizar outras ações no serviço cristão sem uma unção renovada. Em vez disso, elas dependem de seu próprio conhecimento, talentos e experiência. Mas qualquer pessoa que tenha experimentado a unção de Deus sabe a diferença que esta faz ao ministrarmos e nos resultados do ministério. Cantores, músicos, professores e escritores cheios do Espírito – todos os crentes – podem conhecer a unção do Espírito Santo, que nos acrescenta uma dimensão extra e especial para o que quer que façamos. Ele toca nossos pensamentos, nossas emoções, nossas habilidades, aptidões e eficiência. Um cirurgião devoto certa vez me disse saber quando sua cirurgia possuía unção e quando não possuía.

A unção do Espírito Santo não é uma experiência que ocorre uma única vez. Quando pessoas estão totalmente consagradas e têm sido purificadas e cheias do Espírito, elas podem ser cheias novamente, ungidas novamente e especialmente tocadas repetidamente. É por essa unção que deveríamos ansiar e orar todas as vezes em que ministramos. Que Deus nos perdoe por querermos servi-lo sem uma unção renovada e uma preparação adequada em oração.

Charles G. Finney testificava que, se ele sentisse a falta do poder de Deus e de resultados por um ou dois dias em seu ministério, imediatamente se retirava para jejuar e orar por dois ou três dias. Invariavelmente, sentia novamente a poderosa mão de Deus sobre ele, e o reavivamento então continuava em poder. Muitos nos dias de hoje escrevem, ensinam e ministram, mas dificilmente sentem a poderosa unção de Deus em seu trabalho. Assim, não é de surpreender que a igreja experimente tão pouco crescimento sobrenatural nos dias de hoje.

Ai de nós se buscamos os dons do Espírito Santo em vez de o Espírito Doador! Aqueles que são cheios do Espírito, transfigurados pelo Espírito, capacitados pelo Espírito e ungidos pelo Espírito não precisam de fome por dons espetaculares, pois eles possuem o próprio Doador, que é maior que todos os seus dons. Ele concede a si mesmo quando eles necessitam fazer a vontade de Deus. Pelo fato de a unção não ser uma nova obra separada da graça na alma, mas ser parte da herança espiritual e do privilégio daqueles que são cheios do Espírito, aqueles que andam na luz necessitam apenas pedir e receber sempre que desejarem (Lc 11.13). Somos livres para pedir a cada nova ocasião. Deseje sempre e peça constantemente uma unção renovada, se você deseja ser constantemente ungido.

O Espírito Santo anseia por demonstrar sua presença por meio de mil operações dentro de você e por meio de você, como um crente

Enche-me outra vez

Enche-me vez após vez, amado Senhor;
Enche-me com teu Espírito neste momento.
Confio em tua promessa, tua santa Palavra,
Ansiando eu espero prostrado.
Mais do teu Espírito é o que preciso –
Mais do teu Espírito em mim, eu peço.
Cumpre tua missão, sim, com rapidez!
Enche-me outra vez, meu Deus.

Reina absoluto no trono do meu coração;
Enche-me e usa-me novamente.
Que toda a tua obra seja agora conhecida;
Usa-me para servir às necessidades humanas.
Enche-me até que as pessoas se esqueçam de mim;
Enche-me até que as pessoas vejam tua imagem.
Enche-me e invade-me como as ondas do mar.
Enche-me novamente, meu Deus!

Espírito de Deus, enche-me constantemente;
Enche-me com tua própria santidade.
Enche-me e usa-me cada vez mais;
Enche-me com teu doce amor.
Enche-me com unção e santo poder;
Enche-me e usa-me, Senhor, a cada hora.
Faminta por ti, toda a minha alma anseia!
Enche-me outra vez, meu Deus.

Não anseio por teus dons agora;
É por ti que eu clamo.
Ó Deus triúno, a teus pés me prostro –
Tu podes minha alma satisfazer!
Enche-me mais plenamente que nunca;
Enche-me e renova minha alma cada vez mais.
Anseio por mais de ti, mais e mais!
Enche-me outra vez, meu Deus!

WESLEY L. DUEWEL

CHEIO DE DEUS, CHEIO DO ESPÍRITO

cheio do Espírito. Ele comprova sua presença por meio do fruto do Espírito concedido em santa abundância – amor, alegria, paz, longanimidade – rios de água viva fluindo de seu ser interior em santas inundações de bênçãos (Jo 7.38,39; Gl 5.22,23). O Espírito Santo pode guiá-lo repetidamente em oração no exato momento em que alguém tenha uma necessidade em particular. Ele guiará você em palavras e em ações para ministrar a corações preparados, para ganhar almas, para ser usado em reavivamentos. Ele o ungirá quantas vezes você pedir de modo que você possa cantar no Espírito, escrever no Espírito, pregar no Espírito, orar no Espírito e literalmente viver no Espírito.

A presença do Espírito

Jesus espera que nós, seus discípulos, façamos uma diferença em nosso mundo por meio de nosso amor, do testemunho de vida, da oração poderosa e de nossa demonstração de seu poder e autoridade. Jesus prometeu a seus discípulos: *Recebereis poder quando o Espírito Santo descer sobre vós; e sereis minhas testemunhas* (At 1.8). Acima de tudo, precisamos receber da capacitação do Espírito para estar equipados para testemunhar. É por essa razão que Jesus disse: *Vós sois testemunhas dessas coisas*. E então acrescentou: *Envio sobre vós a promessa de meu Pai. Mas ficai na cidade* [Jerusalém], *até que do alto sejais revestidos de poder* (Lc 24.48,49). "Primeiro", disse Jesus, "recebam meu poder; então, sejam minhas testemunhas. Esperem aqui até que vocês sejam cheios deste poder". Porque Jesus amava seus discípulos e conhecia o tipo de pessoas a quem eles iriam testemunhar, ele não queria que eles tentassem servi-lo até que estivessem espiritualmente preparados.

Estar cheio do poder do Espírito não é uma extravagância opcional. É uma condição vital, se você e eu quisermos representá-lo. Como poderíamos você e eu representar Deus? Somente se, em

PODER E UNÇÃO POR MEIO DO ESPÍRITO

primeiro lugar, fôssemos feitos santos e então cheios e ungidos com um poder para sermos tudo o que ele deseja que sejamos e fazermos tudo o que ele quer que façamos. Precisamos ser equipados pelo Espírito para sermos embaixadores de Cristo (2Co 5.20).

O poder do Espírito é antes de tudo o poder para vivermos uma vida santa, sermos vitoriosos nas tentações e manifestarmos diariamente o fruto do Espírito. A pessoa cheia do Espírito recebe poder para ser semelhante a Cristo. Nele o santo amor de 1Coríntios 13 é demonstrado por uma vida cheia do Espírito.

Nas palavras de Paulo, o amor de um coração purificado e santo é paciente, é gentil, não inveja, não se vangloria, não é orgulhoso. Não é rude, não busca seus próprios interesses. O amor santificado não se sente provocado, não mantém um registro de ofensas, não se alegra na maldade, mas regozija-se com a verdade. O amor santo sempre protege, sempre confia, sempre tem esperança, sempre persevera. Ele nunca fracassa (1Co 13.4-8; para uma descrição completa, veja o apêndice).

O poder do Espírito é o que nos mantém santos e amorosos em todas as nossas reações, relacionamentos e emoções. É somente o poder do Espírito que nunca falha. Todos certamente experimentaremos provocações. Não há testemunho maior da realidade de ter sido purificado de todo o pecado e cheio do Espírito Santo do que outras pessoas não enxergarem outra coisa senão puro amor em nossas reações e quando experimentamos nenhuma outra coisa senão pura doçura de amor em nosso ser interior.

Esse poder para ser santo de coração é mais importante que o poder para fazer milagres ou para manifestar qualquer ou todos os dons do Espírito. Mas seu poder é também nossa capacitação divina no falar, no orar e em toda nossa obediência e serviço debaixo da liderança do Espírito. Podemos ter o toque da capacitação do Espírito em nossa leitura pública da Palavra; em nossa vida pública ou privada de oração; em nosso testemunho, ensino, em nosso falar,

CHEIO DE DEUS, CHEIO DO ESPÍRITO

pregar e cantar; e no nosso abençoar outras pessoas de várias maneiras. É o selo de Deus para nós e para outros. As pessoas, especialmente aquelas com discernimento espiritual, sentem que Deus está especialmente presente e nos usando para seus santos propósitos. A unção identifica a presença de Deus conosco e sua autoridade sobre nós.

Não podemos fazer que a unção do Espírito Santo desça sobre nós. Ou seja, ela não depende de, nem é trazida, pelo volume ou doçura de nossa voz, ou por nossos gestos. É quase impossível defini-la e ainda assim ela é abençoadamente evidente. Ela pode ser acompanhada por um santo silêncio na medida em que reconhecemos que Deus está especialmente conosco ou falando a nós, que Deus está usando nossos esforços, que Deus está graciosamente perto de nós. Ou ela pode ser um sentimento de que existe um santo poder e autoridade quando falamos ou oramos em seu nome.

Que Deus se agrade de nos conceder repetidamente sua graciosa e poderosa unção, a consciência de que ele está conosco. John Wesley experimentou a unção tantas vezes que em seu leito de morte ele a percebeu mais uma vez, e suas últimas palavras foram: "O melhor de tudo é que Deus está conosco". Oh, a bênção do ministério ungido do Espírito!

Uma vida poderosa de oração intercessora perseverante é também uma evidência prática de que uma pessoa compartilha do desejo do coração de Cristo de redimir em amor o não salvo por quem ele morreu, redimir um mundo necessitado de seu toque e redimir a igreja, sua noiva. Deus pode ungir poderosamente pessoas cheias do Espírito e dar-lhes a liberdade e a fé necessárias quando elas intercedem em oração. E quantas respostas surpreendentes Deus pode dar àqueles que são guiados e capacitados pelo Espírito, perseverando em oração.

Raramente apenas Deus chacoalha um local, literal e fisicamente, como ele fez quando os apóstolos oraram em Atos 4.31.

Espiritualmente, no entanto, Deus tem chacoalhado lugares vez após vez em resposta à oração perseverante. A maioria de nós nunca entregou-se de fato a Deus regularmente através da oração que verdadeiramente prevalece diante de Deus e que prevalece sobre toda resistência de Satanás e do inferno. Que Deus nos perdoe por conhecermos tão pouco da capacitação do Espírito em nossos momentos particulares de oração e em nossas orações públicas e do púlpito. Temos privado o povo de Deus de uma oração pública guiada pela unção do Espírito que Deus gostaria que manifestássemos.

Que Deus nos ajude como povo cheio do Espírito a nos dedicarmos à oração ungida pelo Espírito. Muitas coisas continuarão a atrapalhar os propósitos de Deus até que sua igreja prevaleça por meio da oração. Quando de fato priorizarmos a oração, contudo, Deus se agradará e sua santa vontade se cumprirá. Os Saulos dos dias de hoje podem se transformar em Paulos em nossa geração. Corações fechados para o poder do evangelho podem ser abertos totalmente para o Espírito quando nos engajamos na luta espiritual. Reavivamentos há muito esperados podem acontecer quando cumprimos as condições da aliança com Deus em 2Crônicas 7.14.

Senhor, ensina-nos a nos humilharmos perante ti numa poderosa intercessão que prevalece, capacitada por teu Espírito.

{16}

A glória da *Shekinah* sobre os cheios do Espírito

No Antigo Testamento, um dos símbolos do Espírito Santo e uma das evidências da presença de Deus era a nuvem de fogo, ou a nuvem de glória, geralmente chamada de *Shekinah*. Ela se manifestou primeiramente a Moisés na sarça ardente e mais tarde guiou Israel desde o Egito até Canaã. Ela se manifestou no topo do monte Sinai quando Deus entregou os Dez mandamentos e permanecia entre os querubins sobre a tampa da arca da aliança, residindo, assim, no Santo dos Santos. A *Shekinah* foi sempre muito significativa para Israel, assegurando que Deus estava com eles.

Ezequiel viu a nuvem da glória de Deus partindo do templo em uma visão, simbolizando que a presença de Deus deixava a apóstata Judá. Ezequiel viu a nuvem deixar primeiramente o Santo dos Santos e parar à porta do templo (Ez 9.3; 10.4). O povo deveria ter ouvido essa advertência, mas, em vez disso, continuou apostatando. Então a *Shekinah* ergueu-se e foi para a área oriental do templo (10.18,19). Em seguida, ela deixou a cidade de Jerusalém completamente e demorou-se sobre o monte das Oliveiras, a oeste da cidade. Mais tarde Ezequiel teve uma visão do tempo em que a *Shekinah* retornaria (43.1-3).

Por aproximadamente quatrocentos anos, a nuvem da glória de Deus permaneceu ausente. Jesus disse: *A vossa casa ficará abandonada* (Mt 23.38). Em outras palavras, ele disse: "Esse costumava ser meu templo. Agora eu retirei o símbolo da minha presença e deixei essa casa para você. Eu não estou mais presente lá". A visão que Ezequiel teve do retorno da *Shekinah* cumpriu-se no dia de Pentecostes quando os 120 discípulos e apóstolos aguardavam em oração no cenáculo em Jerusalém. Primeiro, Deus alertou Jerusalém e os discípulos por meio do som de uma poderosa ventania. Desde então, Deus tem feito a mesma coisa de forma rara em avivamentos. Quando Deus enviou o som de um vento forte na Igreja Reformada Holandesa na África do Sul, o rev. Andrew Murray não sabia o que fazer a princípio. Mas, então, reconheceu que tratava-se da presença de Deus. Deus agiu graciosamente por meio de um avivamento.

Naquele momento, quando Deus chamou a atenção daqueles que estavam no cenáculo, ele cumpriu a visão de Ezequiel. Ezequiel havia visto a nuvem de glória retornando pelo céu oriental. Agora, no dia de Pentecostes, ela reapareceu. Ela adentrou no cenáculo, dividiu-se e repousou sobre a cabeça de cada um, quando ficaram cheios do Espírito (At 2.1-4,38,39). Antigamente a *Shekinah* era um todo; agora, na era do Novo Testamento, sua manifestação tornou-se primariamente personalizada. Em vez de habitar em um prédio sagrado, a *Shekinah* se manifestaria na vida e no ministério de pessoas cheias do Espírito. Nos dias de hoje, ela é raramente vista como uma glória e fogo visíveis.

A presença do Espírito Santo é basicamente invisível aos nossos olhos humanos. Ela não pode ser imitada ou "vestida" como uma espécie de santidade exterior. Mas, como registrado nas biografias de cristãos piedosos, ou nos relatos de avivamentos, Deus tem ocasionalmente se agradado em colocar um selo visível sobre seus filhos. Um exemplo bíblico disso é o rosto de Estêvão (At 6.15). Quando os membros do Sinédrio olharam atentamente para ele, eles o viram como se fosse o rosto de um anjo.

Deus colocou seu selo sobre John Wesley

Biógrafos recordam que vários homens, certa vez, colocaram-se à frente de uma multidão com pedras nas mãos, a fim de atirá-las em John Wesley. Eles ficaram tão impressionados pela presença de Deus nele que uma a uma das pedras caíram no chão à medida que eles olhavam para a sua face. Então um homem dizia a outro: "Ele não é humano! Ele não é humano!" Ele era humano, mas o Espírito de Deus repousava sobre ele e tornava-se evidente em sua face.

Deus abençoa com sua presença

Durante os anos 1920, meu pai pastoreou a Igreja Metodista em Nashville, Illinois. Deus enviou um avivamento a duas das igrejas locais durante aquele tempo. Um estudo bíblico semanal acontecia durante as tardes na casa de uma senhora chamada Hiser, uma mulher cheia do Espírito e uma professora capacitada da Bíblia. Entre aqueles que frequentavam os estudos bíblicos estavam quatro pastores de igrejas locais e suas esposas. Os pastores da igreja batista, da igreja presbiteriana e dois pastores metodistas tinham todos experimentado a plenitude do Espírito Santo. Eu me lembro de minha mãe contando quantos momentos abençoados eles tiveram durante os estudos bíblicos, enquanto meditavam nas verdades profundas da Palavra de Deus.

Mamãe me contou sobre uma tarde em que o tema do estudo bíblico era o céu. Enquanto eles meditavam juntos naquela tarde, a energia elétrica da sala pareceu mudar para uma luz e um brilho quase celestiais. Ninguém fez qualquer comentário na hora, mas vários dias depois uma das esposas dos pastores encontrou minha mãe no supermercado. A mulher disse: "Irmã Duewel, quando estávamos estudando sobre o céu naquela tarde, você percebeu alguma coisa fora do normal na luz?"

"Sim", minha mãe respondeu calmamente, "eu também notei".

Por que Deus se manifestaria por meio de uma percepção tão incomum da sua presença? Ninguém esperava ou havia pedido tal manifestação da presença amorosa de Deus, e isso não mais se repetiu. Essa experiência foi simplesmente um cumprimento de Tiago 4.8: *Achegai-vos a Deus, e ele se achegará a vós.*

Naquela mesma cidade, eu, quando tinha 5 anos de idade e brincava na caixa de areia, recebi um claro e repentino chamado para ser missionário na Índia. Não escutei nenhuma voz, nem tive uma visão, mas o chamado ficou gravado em meu coração tão repentinamente, de modo claro e inequívoco, que setenta e oito anos depois eu não poderia negá-lo ou duvidar dele.

Deus responde à fome por sua presença

Um aluno de uma escola bíblica, cheio do Espírito, veio passar as férias de verão em nossa casa. Ele vivia em comunhão íntima com o Senhor, dedicando tempo considerável à oração por avivamento e por uma colheita missionária, e ansiando por mais da presença de Deus em sua vida. Seu pai pastoreava uma pequena igreja e recebia apenas um parco salário. Um membro da igreja possuía uma vaca, e, se a mãe do jovem conseguia levar um balde de meio galão vazio, o generoso membro da igreja o enchia de leite e o enviava de volta.

Certo dia, o aluno foi mandado à casa do membro da igreja para buscar um balde de leite. Enquanto descia a rua com o balde vazio, ele estava tão distraído em oração, ansiando por mais da presença de Deus, que mal conseguia enxergar por onde caminhava. Chegando na casa, ele encontrou a dona da casa lavando roupas na máquina de lavar do outro lado da cozinha.

O balde estava cheio de leite e o jovem estava pronto para sair, mas sugeriu que eles orassem antes de ir para casa. Ajoelhado, ele começou a orar. A dona da casa, concordando, ajoelhou-se enquanto o jovem pedia a bênção de Deus sobre aquela casa. Ele então pediu licença e partiu.

Uma parente descrente, de outra cidade, que estava visitando a família, estava na cozinha naquele momento. Depois que o jovem saiu, a visitante perguntou maravilhada: "Quem era aquela pessoa? Tive vontade de tocá-lo". Sem que o jovem percebesse, a presença de Deus o havia coberto de tal maneira que a mulher ficou maravilhada como resultado da ação do Espírito Santo. Em respeito à presença de Deus, ela desejava esticar o braço e tocá-lo. Ela não sabia por que nem como, mas estava bastante consciente de que Deus havia estado presente naquele cômodo.

Deus manifesta sua presença

Quando o rev. Duncan Campbell era diretor da Escola Bíblica e Missionária de Edimburgo, na Escócia, as manhãs de sexta eram dedicadas à oração e a esperar em Deus. No dia 4 de março de 1960, durante um desses momentos de espera em oração, o poder de Deus veio sobre toda a congregação. Uma estudante disse como ela não ousava olhar para o rev. Campbell, pois sentia que, se olhasse para a sua face, poderia ver Deus. O grupo começou a cantar "Jesus, mantenha-me próximo da cruz". Algumas pessoas choravam de alegria enquanto "onda após onda do poder do Espírito" era experimentada pelo grupo. "Então uma música celestial foi ouvida, que parecia encher o teto da sala em que estavam ajoelhados; ela era indescritivelmente bela e harmoniosa, tal como nenhuma orquestra poderia tocar. Esse fenômeno não era desconhecido para Duncan; pelo menos por duas vezes durante o avivamento em Lewis ele havia escutado melodias celestiais. Certa vez nas primeiras horas da manhã, quando andava por um pequeno vale, os céus pareciam preenchidos com louvor angelical, e duzentos membros de igrejas que caminhavam juntos caíram de

CHEIO DE DEUS, CHEIO DO ESPÍRITO

joelhos. Um outro pastor presente gritou de alegria: 'Estamos no céu! Estamos no céu!'"[1]

Outro dia, durante a Convenção Vida Espiritual de 1964 em Lisburn, Irlanda do Norte, Campbell entrou em seu aposento para orar depois do desjejum. O presidente da convenção estava sentado sozinho na sala de jantar quando repentinamente percebeu "o brilho da presença do Senhor" na sala. Ele se sentiu tão impactado pela presença de Deus e tão indigno de estar na sala que saiu do edifício. Parecia que o mesmo brilho preenchia a natureza ao redor. Ele começou a chorar, deu meia-volta e voltou para dentro do prédio. Naquele momento, Duncan entrou na sala, sua face "brilhava", e contou-lhe como Deus havia se manifestado a ele poucos momentos antes e que ele enviaria o avivamento.

Por todo aquele dia, parecia que a presença de Deus envolvera toda a área. "Naquela noite, Duncan pregou sua última mensagem e impetrou a bênção quando um dos presentes disse: 'Deus dominou o culto'. A organista tentava tocar, mas suas mãos ficaram sem forças para pressionar o teclado. A congregação inteira foi 'dominada por uma quietude cheia de assombro de tal modo que ninguém se mexeu por mais de meia hora. Então alguns começaram a orar e a chorar.'" Deus operou profundamente, e mais tarde quatro pessoas relataram ter escutado sons inefáveis vindos do céu durante a santa calmaria.[2]

Poder incomum na oração

Algumas vezes a presença de Deus é sentida na forma de um poder especial que parece cobrir as palavras da oração. Por vezes na Índia, o grande missionário John Hyde, conhecido por Hyde de Oração,

---

[1] WOOLSEY, Andrew. *Duncan Campbell – A Biography*. London: Hodder & Stoughton, 1974, p. 173.
[2] Ibidem, p. 180.

que viveu em uma atmosfera de oração, clamava durante uma reunião de oração: "Oh, Pai celestial". O poder de Deus podia ser visto descendo sobre o ajuntamento por causa daquelas poucas palavras.

Quando Hyde retornou da Índia para os Estados Unidos, ele se deteve por algumas semanas nas Ilhas Britânicas. O dr. J. Wilbur Chapman, que havia sido poderosamente usado por Deus em campanhas evangelísticas por todos os Estados Unidos e ao redor do mundo, estava em uma campanha que se provava como a quase menos frutífera, com um pequeno público e pouco resultado. Hyde de Oração soube da situação e, com muita oração, foi até a campanha. Naquela noite, o salão estava lotado e cinquenta homens se converteram.

Chapman pediu a Hyde de Oração que orasse por ele. Eles foram até o quarto do hotel em que Chapman se hospedava, e ali Hyde imediatamente colocou-se de joelhos. Por cinco minutos, ele não disse uma palavra. Foi quando clamou "Oh, Deus". Por mais cinco minutos, ele permaneceu totalmente em silêncio, e lágrimas começaram a correr em seu rosto. Mais uma vez ele clamou "Oh, Deus". Então uma torrente de oração jorrou de sua boca ao orar por Chapman e seu ministério. Chapman disse que nunca havia ouvido tais pedidos de oração em sua vida, e Chapman saiu dali com suas forças renovadas e com um novo poder em seu ministério para o Senhor. Por uma semana, Hyde permaneceu na cidade, orando por Chapman e por sua campanha, e daquele momento em diante Hyde acompanhou o ministério de Chapman ao redor do mundo em oração.[3]

Com frequência, Deus tem usado orações cheias do Espírito, de indivíduos cheios do Espírito, para tocar o trono celestial e trazer vitórias marcantes para Deus.

---

[3]MILLER, Basil. *Praying Hyde: A Man of Prayer*. Grand Rapids: Zondervan, 1943, p. 125.

CHEIO DE DEUS, CHEIO DO ESPÍRITO

O santo selo da presença do Senhor pode repousar sobre indivíduos ou grupos de filhos de Deus. Durante momentos de avivamento, Deus ocasionalmente abençoa seu povo com uma incomum percepção de sua presença. Essa manifestação não pode ser produzida por seres humanos. Não pode ser fabricada, nem merecida. Não se trata apenas de emoção, apesar de que a percepção bendita da presença de Deus pode ser sentida. Ela pode se manifestar na forma de um santo silêncio ou na forma de uma santa alegria, e num espírito de adoração. Ela pode se manifestar na forma de um fardo de oração e lágrimas. Deus é soberano e manifestará sua presença em crentes cheios do Espírito de uma maneira que os abençoará e trará glória para ele.

{17}

Vivendo em comunhão de amor

É da vontade de Deus que vivamos para demonstrar um generoso e expressivo amor, bondade e santidade. Ele deseja que aqueles que estão próximos de nós vejam e sintam nossa amorosa boa vontade por meio de uma alegre disposição de ajudar outros e de expressões de graça, consideração, santidade e cuidado amoroso.

Uma clara e espumante corrente de santo amor flui do coração de Cristo para dentro do seu coração, na qualidade de uma pessoa cheia do Espírito, e então de sua personalidade para outros. Ele expressa seu amor tão plenamente quanto permite a profundidade espiritual de seu coração. Cristo se regozija quando você está tão santificado e amoroso que ele pode expressar por seu intermédio o amor do coração dele que de outro modo seria humanamente impossível.

Você só começa a experimentar as profundezas do amor divino à medida que se aproxima de Cristo. Nosso corpo, limitado pelas restrições de nossa humanidade, pode experimentar apenas superficialmente as dimensões ilimitadas do amor de Cristo. A alegria, os anseios e a imensidão do amor de Cristo poderiam nos esmagar e trazer morte instantânea ao nosso frágil corpo terreno. Mas Deus tem preparado um novo corpo espiritual, glorificado, em nosso estado ressurreto no céu que será capaz de assimilar o amor

CHEIO DE DEUS, CHEIO DO ESPÍRITO

de Deus em dimensões que nunca sonharíamos ser possível. Mas mesmo assim essa será apenas uma compreensão finita do amor infinito do coração de Cristo (Rm 8.18-20; 1Co 2.4; Ap 21.10,11; 22.4). Somente o Pai, Filho e Espírito Santo são capazes de receber amor uns dos outros e de manifestá-lo plenamente. Somente eles conseguem apreender e dividir plenamente entre si essa bendita e infinita plenitude do amor divino.

A extensão de nosso compromisso de amor a Cristo hoje estabelecerá os limites iniciais de nossa percepção e experiência do amor de Deus quando atingirmos inicialmente a eternidade. Fomos criados com a capacidade de crescer espiritualmente. Não duvido de que experimentaremos um crescimento eterno em nossa percepção e em nossa experiência do amor de Deus e de todos os seus santos atributos, mas ainda seremos finitos, criaturas humanas glorificadas. E minha expectativa é que nossa resposta ao amor de Cristo antes de nossa morte irá de alguma maneira estabelecer os limites de nosso crescimento eterno no experimentar e regozijar-se no infinito amor de nosso noivo celestial.

Note que Deus ouve nossas expressões de amor em nossas orações e em nossas conversas com outras pessoas que caminham intimamente com Deus.

> *Então aqueles que temiam o Senhor falaram uns com os outros; e o Senhor os ouviu com atenção, e diante dele se escreveu um memorial, para os que temiam o Senhor, para os que honravam o seu nome. E naquele dia que prepararei, eles serão meus, diz o Senhor dos Exércitos, minha propriedade exclusiva; terei compaixão deles, como um homem tem compaixão de seu filho, que o serve. Então vereis outra vez a diferença entre o justo e o mau; entre o que serve a Deus e o que não o serve (Ml 3.16-18).*

Com que frequência Deus o escuta dizer a outros quanto você o ama?

VIVENDO EM COMUNHÃO DE AMOR

O profeta Malaquias, falando de sua era antes do retorno em glória de nosso Salvador, destaca que algumas pessoas serão feiticeiras, adúlteras, traidoras, mentirosas, opressoras dos pobres e necessitados e que não vivem no temor do Senhor (Ml 3.5). Deus virá repentinamente para julgar tais pessoas (v. 1-5). A única razão para a humanidade pecadora continuar sobre a terra hoje é a infalível misericórdia do Senhor. Esta é a única razão por que os hipócritas e infiéis que dizem seguir Deus estão ainda vivos (v. 6). É em momentos como esse, quando milhões roubam a Deus em seus dízimos e ofertas (v. 8-12) e outros dizem coisas duras contra Deus, afirmando que não vale a pena servi-lo (v. 13-15), que Deus faz sua promessa àqueles que são verdadeiramente dele: *Então aqueles que temiam o* Senhor *falaram uns com os outros; e o* Senhor *os ouviu com atenção* (v. 16). Todo o tempo um memorial foi escrito na presença de Deus, lembrando as orações e conversas daqueles que o amavam e honravam o seu nome. *Eles serão meus, diz o* Senhor *dos Exércitos* (v. 17). Deus os manterá próximos ao seu coração, os amará e os protegerá. Você consegue escutar o santo orgulho de Deus quando ele diz que outros verão como ele recompensa, honra e preza aqueles que lhe pertencem (v. 18)?

Aqui, no penúltimo capítulo do Antigo Testamento, vemos como Deus valoriza cada pensamento e palavra amorosa que expressamos acerca dele. Observe que aqueles que amam o Senhor não apenas se dirigem a ele em oração, mas também falam sobre ele entre si. Isso agrada tanto ao Senhor que ele escuta nossas palavras com evidente deleite e ordena que um memorial seja escrito em sua presença para recordar todos os pensamentos, palavras e ações de seus filhos. Nenhum registro em qualquer outro lugar no universo é tão completo como o registro de obras no céu – tanto boas como más – dos seres humanos. Esses registros permitirão que Deus seja completamente justo no dia do juízo, quando ele determinará a punição para os pecadores e o galardão para seus filhos.

CHEIO DE DEUS, CHEIO DO ESPÍRITO

A palavra hebraica *hashab* ("pensamento" na *KJV* e "honravam" na *NVI*) em Malaquias 3.16 significa pensar, planejar ou meditar. Assim, Deus recompensará aqueles que pensam sobre ele, meditam nele e fazem seus planos à luz de sua vontade. Além disso, ele terá compaixão deles, será misericordioso com eles e os livrará em seus maravilhosos caminhos. O cuidado especial e amoroso de Deus por eles ficará evidente a todos, e tanto pessoas como anjos verão como Deus honra e recompensa de forma bela, por toda a eternidade, aqueles que comprovaram seu amor por ele agindo assim. Tome cuidado, ou você pode tornar-se tão absorvido pelo jornal, pela televisão e por sua própria vida a ponto de negligenciar coisas como a comunhão com Deus, a expressão de seu amor por ele, o celebrar e meditar diário de sua Palavra e seu amor.

Seria o registro feito por Deus de seus pensamentos amorosos e de seu anseio por ele cheio e extenso? Você expressa constantemente seu amor por ele? Nada é mais natural para uma pessoa cheia do Espírito que pensar e falar sobre o Senhor, pois um coração cheio do Espírito naturalmente expressa sua alegria e seu amor. Efésios 5.18-20 afirma: *E não vos embriagueis com vinho, que leva à devassidão, mas enchei-vos do Espírito, falando entre vós com salmos, hinos e cânticos espirituais, cantando e louvando ao Senhor no coração, e sempre dando graças por tudo a Deus, o Pai, em nome de nosso Senhor Jesus Cristo.*

A pessoa cheia do Espírito também manifesta naturalmente uma alegria interior e uma amizade com Cristo por meio de estilo de vida de amor transbordante e de serviço a outros. Colossenses 3.15-17 descreve esse tipo de amor:

> *A paz de Cristo, para a qual também fostes chamados em um só corpo, domine em vossos corações, e sede agradecidos. A palavra de Cristo habite ricamente em vós, em toda a sabedoria; ensinai e aconselhai uns aos outros com salmos, hinos e cânticos espirituais,*

louvando a Deus com gratidão no coração. E tudo quanto fizerdes, quer por palavras, quer por ações, fazei em nome do Senhor Jesus, dando graças por ele a Deus Pai.

Note que tanto as passagens de Efésios como de Colossenses falam de louvar ao Senhor. Assim como os amantes humanos exultam ao ouvir seus amados falar sobre seu amor, assim Jesus deleita-se em nos escutar cantando para ele e dizendo-lhe vez após vez quanto o amamos. Certifique-se de enfatizar não somente as canções que falam *sobre* seu amor, mas também os coros e hinos que expressam seu amor pessoal *por* ele. Há grande alegria espiritual em dizer a Jesus quanto o amamos, e isso é também uma parte vital de nosso crescimento na graça.

Precisamos viver em comunhão com Jesus em nosso coração e na comunhão com os filhos de Deus, de modo que sejamos fortalecidos para aqueles momentos quando Satanás nos atacar. Pedro nos adverte:

Nisso exultais, ainda que agora sejais necessariamente afligidos por várias provações por um pouco de tempo, para que a comprovação da vossa fé, mais preciosa do que o ouro que perece, embora provado pelo fogo, redunde em louvor, glória e honra na revelação de Jesus Cristo. Pois, sem tê-lo visto, vós o amais e, sem vê-lo agora, crendo, exultais com alegria inexprimível e cheia de glória, alcançando o objetivo da vossa fé, a salvação da vossa alma (1Pe 1.6-9).

O coração carnal, distante da comunhão com o Senhor, frequentemente substitui sua meditação e memória com pensamentos negativos, sentimentos críticos, murmuração, reclamação, suspeição, amargura e acusações contra outros. Isso reflete sua situação? Certamente esses não são os tipos de pensamentos ou de palavras que desejamos que sejam registrados no céu.

CHEIO DE DEUS, CHEIO DO ESPÍRITO

Quão diferente são os cheios do Espírito! Como eles permanecem sedentos e crentes (Jo 7.37-39), o Espírito Santo enche repetidamente sua alma com tal frescor espiritual que do interior deles correntes da água do Espírito Santo fluem (v. 37,38).

Quais correntes? Correntes do frutificar do Espírito Santo. Correntes de amor, alegria, paz, paciência, gentileza, bondade, fidelidade, mansidão e domínio próprio. Esta é a vida bonita daquele que é cheio do Espírito. Como nos renova ter amigos cheios do Espírito, vizinhos cheios do Espírito, um pastor cheio do Espírito e uma igreja cheia de pessoas em comunhão, cheias do Espírito.

Jovens, cristãos maduros e idosos – todos podem ser cheios do Espírito e todos podem demonstrar o mesmo belo fruto do Espírito em sua vida. Todos terão uma profusão de santas bênçãos que fluem do seu coração alegre. Lembro-me do relato de um missionário que lia para alguns nativos textos das epístolas paulinas. Enquanto ele lia a descrição de uma vida embelezada pelo Espírito, as pessoas o interrompiam: "Oh, nós o conhecemos. Ele vem aqui todos os meses!" Que testemunho de alguém com uma vida cheia do Espírito!

Quão profundamente você tem experimentado a bênção do coração de Jesus? Quão plenamente você tem conhecido a glória de sua graça transfiguradora? Aproximemo-nos de Jesus mais perto do que jamais estivemos. Que possamos mergulhar com maior profundidade e ousadia, como nunca antes, nesse oceano bendito de sua bondade e de seu amor que nos envolve.

{18}

Vivendo as expressões
práticas do amor

O Espírito Santo deseja nos transfigurar na semelhança espiritual com Jesus. Existiria alguma honra ou destino mais honrosos? A maravilhosa salvação tornada possível quando Jesus tomou nosso lugar e morreu por nós no Calvário fez que todos nós que confiamos nele para a salvação nos tornássemos filhos de Deus. Isso é quase inacreditavelmente glorioso. Nas palavras de João, *Vede que grande amor o Pai nos tem concedido, o de sermos chamados filhos de Deus, o que realmente somos. Por isso o mundo não nos conhece, porque não o conheceu* (1Jo 3.1).

Quando nos aproximamos de Jesus, começamos a nos assemelhar a ele. E no céu teremos ainda um corpo glorificado como o corpo de Jesus. Mas, enquanto estamos na terra, devemos amadurecer em Cristo, porque as recompensas da eternidade serão permanentes – e não apenas um pronunciamento feito por Deus no dia do juízo. Devemos chegar *ao estado de homem feito, à medida da estatura da plenitude de Cristo* (Ef 4.13), pois as recompensas celestiais estarão em perfeito acordo com a maneira como investimos nossa vida aqui.

Porque ninguém pode lançar outro alicerce, além do que já está posto, o qual é Jesus Cristo. E, se o que alguém constrói sobre esse alicerce

é ouro, prata, pedra preciosa, madeira, feno ou palha, a obra de
cada um se manifestará; pois aquele dia a demonstrará, porque será
revelada pelo fogo, e o fogo testará a obra de cada um. Se a obra que
alguém construiu permanecer, este receberá recompensa. Se a obra
de alguém se queimar, este sofrerá prejuízo, mas será salvo, como
alguém que passa pelo fogo (1Co 3.11-15).

Não, nem todos receberão a mesma recompensa eterna. É por essa razão que cada um deve ter cuidado sobre como constrói (cf. v. 10). Quanto de sua vida – horas e dias – será queimado como palha, causando "prejuízo" no céu? A Bíblia claramente nos adverte a considerar isso: *Os que forem sábios resplandecerão como o fulgor do firmamento; e os que converterem a muitos para a justiça, brilharão como as estrelas, sempre e eternamente* (Dn 12.3).

Deus deleita-se em nos proporcionar maneiras práticas para expressarmos nossa semelhança com Cristo, respondendo a pessoas e a situações de uma forma como Cristo agiria. Quando os anjos celestiais nos observam (e naturalmente eles o fazem – Sl 91.11; Hb 1.14), podemos imaginar se eles comentam uns com os outros: "Vejam, isso não é exatamente igual a Jesus?! Eles estão realmente ficando mais e mais parecidos com Jesus na maneira de pensar sobre outros e na maneira de reagir aos outros. Vocês não conseguem ver o amor de Jesus em seus pensamentos e ações?"

Quanto mais curvamos nossa cabeça no peito de Jesus em comunhão de amor, mais apropriadamente devemos ser capazes de revelar esse amor a outros em nossas palavras e na maneira de convivermos com eles. É impossível a igreja não ser grandemente abençoada quando seus membros realmente vivem em comunhão com Jesus.

O testemunho de nossa vida aos não salvos é igualmente fortalecido, mais atraente e claro à medida que você vive próximo de Jesus. Quanto mais intimamente você caminhar ao lado de Jesus,

VIVENDO AS EXPRESSÕES PRÁTICAS DO AMOR

mais o mundo perdido ao nosso redor se lembrará de Jesus e será impactado por ele.

É assim que Deus planejou usar nossa vida. É assim que brilhamos como luzes no mundo (Fp 2.15). Luzes e estrelas são sempre belas. Deus ama a luz; ele vive em luz gloriosa e cheia de beleza (as luzes celestiais são como jaspe cristalino – Ap 21.11).

À medida que escolhemos repetida e voluntariamente manifestar a outros o amor de Jesus, o cuidado amoroso de Jesus, a consideração de Jesus e sua preocupação solícita pelo próximo, os anjos registram nossos atos momento a momento nos registros de Deus (Sl 56.8; Dn 7.10; Ml 3.16; Ap 20.12). Você está edificando sua vida em Jesus, o único fundamento, e Deus planeja recompensar cada um de seus pensamentos em amor, orações e palavras.

Desde os dias de Abraão (Gn 15.1,2), Deus tem nos garantido que ele nos recompensará. Obedecer e meditar na Palavra de Deus traz grande recompensa (Sl 19.11). *O que semeia a justiça recebe recompensa verdadeira* (Pv 11.18). Quando Deus vem, ele ama trazer recompensas para o fiel (Is 40.10; 62.11). Jesus mesmo amava falar das recompensas celestiais (Mt 5.12) e preocupava-se com o fato de que aqueles que lhe pertencem pudessem perder a recompensa que Deus, seu Pai, deleitava-se em dar (Mt 6.1,4,6; 10.41,42; Lc 6.35). Até um copo de água fria dado em nome de Jesus será recompensado (Mc 9.41).

Em 1Coríntios 3.8, nos é garantido que cada um será recompensado de acordo com o seu próprio trabalho. Mas Paulo nos adverte de que, se um cristão constrói sua vida em Cristo de modo leviano (madeira, feno ou palha), o julgamento do fogo divino queimará tudo e ele *sofrerá prejuízo* (v. 15). Salvo – porém com parte de sua vida como cristão queimada por completo e com prejuízo para ele! Como isso desaponta o Pai, que deseja que recebamos nossa recompensa completa! João nos adverte: *Tende cuidado de vós*

CHEIO DE DEUS, CHEIO DO ESPÍRITO

mesmos para não destruirdes o fruto do nosso trabalho, mas para que, pelo contrário, venhais a receber plena recompensa (2Jo 8).

Mas quantos têm desperdiçado suas horas assistindo a programas de televisão que não acrescentam nenhum bem espiritual, moral ou cultural! Quantos gastam tempo demais lendo livros ou periódicos pelos quais Deus não os recompensará, enquanto a recompensa que eles poderiam ter recebido por meio da oração, de leituras espirituais ou sendo uma bênção para outros será perdida para sempre. A recompensa que Deus ansiava por lhes dar será perdida eternamente por eles.

Eles estarão no céu, mas, quando se colocarem em pé perante o julgamento do trono de Cristo, verão a dor nos olhos dele. Eles sentirão remorso por terem falhado em viver mais perto de Jesus, por não terem partilhado de seu desejo e preocupação por avivamento e missões, e por terem investido tão pouco tempo em oração pela igreja e pelo reino de Cristo. Salvos, graças a Deus, mas com tanto de sua vida desperdiçado! Salvos, mas com tanto tempo de sua vida vivida para si mesmo e como se Deus não houvesse oferecido e prometido recompensas àqueles que fossem fiéis. Salvos, mas com parte de sua vida perdida para sempre.

Haverá lágrimas no céu quando as pessoas perceberem como elas perderam as recompensas que o Deus trino planejou para elas? Eu acredito que haverá muitas lágrimas no céu. Mas a Bíblia não diz que Deus enxugará todas as lágrimas? Sim. Graças a Deus! Mas isso é dito depois do julgamento final.

Deus fica decepcionado quando somos tão descuidados espiritualmente que fracassamos ao ir de glória em glória plenamente, como Deus tornou possível a nós (2Co 3.18)? Ele se decepciona quando falhamos em obedecer, ler sua Palavra e orar, como ele anseia que façamos? Ele ficará decepcionado porque gastamos tão pouco tempo em oração que falhamos em compartilhar com Jesus seu fardo pela salvação do mundo, como ele tornou possível fazermos?

Meu coração repete com frequência, às vezes com lágrimas, o familiar hino que cantávamos na igreja quando eu era jovem:

Deve Jesus carregar a cruz sozinho,
E todo o mundo ser livre?
Não; há uma cruz para todos,
E há uma cruz para mim.

Quero carregar um fardo de oração pelo mundo perdido; você não quer? Quero compartilhar lágrimas com Jesus quando oro por missões; você quer? Quero investir oração, lágrimas e um profundo desejo por avivamento, que eu sei que acontecerá na virada do milênio, senão antes. Que privilégio investir nossa vida aqui na eternidade! Como podemos amar a Jesus menos, deixando de derramar nossa alma em oração repetidamente pela grande colheita final de Deus?

O hino continua:

A cruz consagrada levarei;
Até a morte me libertar,
Então irei para casa minha coroa vestir,
Pois há uma coroa para mim.

Por sobre o pavimento de cristal,
Abaixo dos pés feridos de Jesus,
Jubiloso, depositarei minha coroa de ouro,
E seu amado nome pronunciarei.

Oh, cruz preciosa! Oh, cruz gloriosa!
Oh, dia da ressurreição!
Vós, anjos, descei das estrelas
E levai minha cruz embora.

CHEIO DE DEUS, CHEIO DO ESPÍRITO

Isto é de que trata o glorioso plano da salvação traçado por Deus. É por isso que cristãos cheios do Espírito possuem um desejo intenso de coração por ser mais e mais como Jesus até que tenhamos o mesmo desejo de coração como ele na prática da oração, os mesmos gemidos santos em oração pela vinda de seu reino e para que sua vontade seja feita. Esses anseios nos preparam para sermos parte daquele santo grupo de guerreiros de oração que por todos os séculos têm orado por avivamentos e para que novas igrejas do Novo Testamento venham a existir.

Não ansiamos por uma bela coroa. Não! Desejamos compartilhar do amor de Jesus pelo mundo, do fardo de oração de Jesus pela salvação das pessoas. Esse anseio prepara nosso coração para sermos mais unidos com o coração de Jesus, nosso grande intercessor, nosso Sumo Sacerdote entronizado (Hb 7.17–8.1). Ele já nos tem feito assentar com ele em seu trono sumo sacerdotal na realidade espiritual (Ef 2.6). Já reinamos com ele em intercessão sacerdotal quando partilhamos dos fardos do seu coração.

Quando você investe assim sua vida, Provérbios 4.18 terá seu último e glorioso cumprimento: *A vereda dos justos é como a luz da aurora, que vai brilhando cada vez mais, até ficar perfeitamente claro.* Ou, como disse Jesus: *Então os justos resplandecerão como o sol no reino de seu Pai* (Mt 13.43).

Paulo escreve: *Porque aqueles que já tinham sido escolhidos por Deus ele também separou a fim de se tornarem parecidos com o seu Filho. Ele fez isso para que o Filho fosse o primeiro entre muitos irmãos* (Rm 8.29, NTLH), ou nas palavras da *NVI: Pois aqueles que de antemão conheceu, também os predestinou para serem conformes à imagem de seu Filho.* Mas quando isso terá lugar? Quando nos tornaremos como Jesus? Espiritualmente, nós nos tornamos como ele agora, e então, quando ele voltar, seremos glorificados no corpo e visivelmente seremos como ele. Em 1João 3.2,3, a *NTLH* diz: *Meus amigos, agora nós somos filhos de Deus, mas ainda não sabemos o*

VIVENDO AS EXPRESSÕES PRÁTICAS DO AMOR

que vamos ser. Porém sabemos isto: quando Cristo aparecer, ficaremos parecidos com ele, pois o veremos como ele realmente é. E todo aquele que tem essa esperança em Cristo purifica-se a si mesmo, assim como Cristo é puro.

Todos os crentes verdadeiros serão como Jesus? Sim. O céu irá eliminar todas as diferenças de quão clara, obediente e fielmente temos vivido para Jesus aqui? Provavelmente não. Todos receberão as mesmas recompensas celestiais? Certamente não! As recompensas celestiais serão gloriosamente diferentes, especialmente designadas por Deus para cada indivíduo. Não haverá apenas recompensas diferentes no céu; talvez haverá também uma diferença no fulgor do "brilho" ou glória, assim como as estrelas variam em sua beleza radiante (1Co 15.41).

Daniel associa a sabedoria espiritual e o ganhar almas com o fulgor de nosso brilho no céu (Dn 12.3). Em que medida precisamos ser sábios? A palavra hebraica para "sábio" (*sakel*) traz a ideia de um conhecimento perceptivo que então age prudentemente. *Não sejais insensatos* [gr., *aphron* – sem agir com a razão ou prudência], *mas entendei qual é a vontade do Senhor* (Ef 5.17). Devemos ser sábios ao estabelecer prioridades espirituais, prudentes no investimento de nossa vida. Os versículos anteriores nos advertem: *Portanto, estai atentos para que o vosso procedimento não seja de tolos, mas de sábios, aproveitando bem cada oportunidade, porque os dias são maus* (v. 15,16). Isso, naturalmente, inclui o investimento de nossa oração intercessora, como parceiros de oração de Jesus, como seus intercessores reais (Ef 2.6; 1Pe 2.9; Ap 1.5,6).

Em resumo, nos tornaremos como Cristo:

1. Edificando nossa vida em Jesus, o único fundamento, usando as coisas e fazendo coisas que aos olhos de Deus são ouro e prata, e não coisas que são palha ou madeira (1Co 3.11).

CHEIO DE DEUS, CHEIO DO ESPÍRITO

2. Usando nosso tempo e oportunidades com sabedoria. Antes de nos tornarmos semelhantes a Jesus, dignos de sermos a amada noiva de Cristo, precisamos dar os seguintes passos que nos transformarão de pecadores em pessoas que crescem à sua santa semelhança:

- O perdão de nossos pecados e a aceitação como um filho de Deus.
- A purificação de nossa natureza pecaminosa em uma santa natureza purificada pelo Espírito (puro como ele é puro, 1Jo 3.3).
- O amadurecimento de uma vida de sabedoria espiritual e de frutificar em ganhar almas.
- O acréscimo e o cultivo do fruto do Espírito – um processo que o Espírito pode acelerar grandemente em nós se tomarmos a iniciativa de investir em nossa vida espiritual (2Pe 1.5-7), mas que jamais terminará até recebermos nosso corpo glorificado no céu.

Examinemos a nós mesmos cuidadosamente para nos certificar-mos de que não haja pecado em nossa vida (2Pe 3.14). Então nos concentremos na beleza e na glória espiritual que Deus anseia por cultivar em nós aqui, antes de vê-lo face a face, e nos concentremos em uma vida de oração intercessora efetiva que ele deseja que com-partilhemos hoje com Jesus, nosso santo intercessor. Um dia nós compartilharemos da coroa que ele planeja para seus intercessores.

Santo amor: a ética da vida cheia do Espírito

Que tipo de vida devota deveria ser a nossa se o próprio Deus habita em nós? Pedro pergunta em relação à volta de Cristo e a destruição de todas as coisas materiais: *Se todas essas coisas serão assim destruídas, que tipo de pessoa deveis ser? Pessoas que vivem em santidade e piedade* (2Pe 3.11).

Quando Paulo fala acerca do julgamento que Cristo fará das obras dos crentes, ele nos lembra que o dia do juízo será um tempo quando nossas obras serão julgadas com base no material usado na construção: o que dura e sobrevive ao teste de fogo ou o que não tem benefício eterno e será queimado por completo (1Co 3.15). Paulo não está falando de não cristãos, mas daqueles cuja vida é construída sobre o fundamento que é Jesus Cristo (v. 11-16). Quanto pode ser encontrado na vida dos cristãos que é espiritualmente inferior! O julgamento de fogo do trono de Deus provará quanto aquilo que os cristãos fazem é trivial, carnal, um desperdício de tempo.

O que a Bíblia diz sobre ser salvo e escapar do inferno poderia ser escrito em um volume muito pequeno. Mas página após página nos ensinam como viver uma vida digna, com exemplos daqueles que o fizeram e daqueles que não o fizeram. Elas nos trazem advertências e exortações.

CHEIO DE DEUS, CHEIO DO ESPÍRITO

Pois toda a Escritura Sagrada é inspirada por Deus e é útil para ensinar a verdade, condenar o erro, corrigir as faltas e ensinar a maneira certa de viver. E isso para que o servo de Deus esteja completamente preparado e pronto para fazer todo tipo de boas ações. (2Tm 3.16,17, *NTLH*)

Assim, o objetivo das Escrituras é treinar o povo de Deus para viver uma vida santa. Treinar leva tempo e envolve instrução, vigilância e disciplina. Quando o Espírito Santo nos habita e nos enche, ele nos treina para manifestar sua santidade. Ele nos mostra como expressar sua natureza santa em nossa vida diária. O Espírito Santo realiza uma obra radical no coração do crente, trazendo uma transformação fundamental e completa. Ele tem a expectativa de que a vida do crente seja, desse modo, marcada por sua presença, pois ele habita no crente. A vida da pessoa cheia do Espírito deveria testificar da realidade do Espírito Santo e da obra da graça de Deus em sua alma.

A Bíblia usa uma terminologia drástica para descrever a obra de toda a santificação – circuncisão espiritual ou circuncisão do coração (Dt 30.6). A santificação capacita os crentes a amar a Deus de todo o coração – isto é, ser cheio de perfeito amor, que o Espírito Santo derrama (Rm 5.5). A adoração verdadeiramente espiritual de Deus (Fp 3.3) torna-se, então, possível, pois a natureza pecaminosa é, desse modo, despida não com uma circuncisão feita por mãos humanas, mas com a circuncisão feita por Cristo (cf. Cl 2.11).

Morrer para o pecado é entendido como ser crucificado com Cristo (Gl 2.20), porque a carne pecaminosa foi crucificada (5.24), capacitando a pessoa cheia do Espírito a viver e a andar no Espírito (v. 25). Assim, o velho eu (nossa natureza carnal e pecaminosa herdada de Adão) é crucificada. A crucificação destrói o corpo do pecado (Rm 6.6) – ou seja, pecado no singular, a natureza pecaminosa da qual os pecados brotam na vida de alguém. Paulo afirma que a pessoa crucificada não mais serve ao pecado ou à natureza pecaminosa. O corpo está morto para o pecado (Rm 8.10), pois o crente não mais vive de acordo com a natureza pecaminosa (v. 5). Essa é a purificação de todo pecado (singular) mencionada em 1João 1.7.

A salvação é uma obra instantânea e radical do Espírito que tem lugar no momento em que o crente oferece sua vida como um sacrifício vivo e o Espírito purifica o coração pela fé e o enche com sua plenitude. A partir desse instante, a pessoa obtém vitória sobre o pecado. Deus mesmo realiza essa grande obra na alma, e ele santifica *completamente*, diz Paulo (1Ts 5.23). Agora essa vida santa deve ser vivenciada diariamente.

A vida cheia do Espírito não é uma vida livre de tentações. Santidade de coração não isenta ninguém dos ataques de Satanás. É possível que as tentações se tornem ainda mais difíceis, pois Cristo, o Filho de Deus sem pecado, foi tentado mais do que qualquer ser humano. Além disso, ele foi tentado de todas as maneiras, da mesma forma que somos tentados (Hb 4.15). A santificação nos liberta do pecado, mas não nos liberta de nossa personalidade ou de nossa humanidade capaz de pecar. A pessoa esquecida continuará com a tendência de se esquecer; a pessoa intelectualmente limitada ainda terá dificuldade para compreender. A pessoa cheia do Espírito poderá interpretar ou julgar algo de modo errado, e erros serão cometidos, apesar de um coração cheio de um amor dado por Deus. O Espírito Santo purifica os motivos interiores, mas as ações éticas requerem mais do que motivos puros; elas exigem habilidades e tato na expressão do amor puro.

Toda ação ética requer três coisas. Primeiro, *ela requer um entendimento da situação*. Uma pessoa santificada, cheia do Espírito, que falha em entender uma situação por causa das limitações de sua mente humana ou a inexperiência poderá cometer erros, pelo simples motivo de não entender.

CHEIO DE DEUS, CHEIO DO ESPÍRITO

Em segundo lugar, *uma ação ética exige uma motivação pura*. Quando o Espírito Santo nos purifica de todo pecado aplicando o sangue de Cristo, ele purifica nossos motivos.

Em terceiro lugar, uma ação ética requer habilidade prática. É aqui que necessitamos do treinamento ao qual Paulo se refere em 2Timóteo 3.16,17: *Toda a Escritura é divinamente inspirada e proveitosa para ensinar, para repreender, para corrigir, para instruir em justiça; a fim de que o homem de Deus tenha capacidade e pleno preparo para realizar toda boa obra*. O Espírito Santo usa a Bíblia como o livro-texto para o treinamento para uma vida santa. Como é absolutamente necessário que preenchamos nossa mente com a Palavra de Deus (Sl 119.11)! Pessoas sem treinamento podem se machucar ao tentar abençoar, ofender quando tentam ajudar. Assim, precisamos da direção do Espírito todos os dias.

Porque o mundo espera um alto padrão moral dos cristãos, é imperativo que pessoas cheias do Espírito expressem seu santo amor de forma madura. Um cristão é como uma cidade construída sobre uma montanha (Mt 5.14). Não podemos nos esconder. Deveríamos agradecer a Deus que o mundo nos observa, pois essa é nossa oportunidade de trazer glória a Deus. Mas frequentemente não cristãos tropeçam em virtude do que veem na vida de cristãos professos. Quanto mais elevado for o testemunho da graça de Deus e a santidade que o não salvo vê em cristãos cheios do Espírito, maior será o padrão que eles esperarão de todos os crentes. Da mesma maneira, quanto maior o padrão que um cristão estabelece para outros cristãos seguirem, mais santa sua própria vida deverá ser. Não devemos enfraquecer nosso testemunho e depreciar a obra do Espírito em razão de uma expressão ética inadequada de nosso santo amor.

As pessoas do mundo julgam Deus e sua salvação pelo que elas enxergam em nós. Elas não conseguem ver o amor de Deus sendo derramado em nossa alma por meio do ministério do Espírito. Elas podem apenas ver a maneira pela qual expressamos esse amor em nossas ações exteriores. Elas esperam padrões ainda mais elevados de nossa parte do que de si mesmas.

Não devemos ficar cegos em relação às nossas faltas, mas humildemente admiti-las. Não devemos ser descuidados em nossas palavras ou brutos em nossas ações. Não devemos ser indelicados, pois pessoas sedentas e fracas estão nos observando. Se manifestamos o fruto do Espírito em nossa vida, muitas outras pessoas sedentas serão atraídas a Cristo e Deus será glorificado.

Mais importante de tudo, Deus espera de nós um padrão bem elevado de viver ético. Ele enviou seu Filho para morrer por nossa purificação. Cristo pagou de bom grado o preço de nossa salvação – tanto da culpa como do poder do pecado. E o Espírito Santo opera dentro de nós, não apenas para nos purificar, mas para nos ajudar a glorificar a Cristo em tudo o que dizemos e fazemos. Não devemos entristecer nosso Deus trino. Estamos falhando com ele? Quão urgente é a necessidade de expressarmos frequentemente a ética do perfeito e santo amor em nossos relacionamentos com outros.

Quando olhamos para nossos irmãos cristãos, estamos em constante perigo de julgar erradamente seu comportamento. Devemos sempre nos lembrar de que podemos ver apenas suas ações, nunca o seu coração. Deus, entretanto, sonda o coração. Precisamos ser nós mesmos santos, mas amorosos para com as ações dos outros. Se já tem demorado tanto para Deus nos treinar para expressarmos sua graça, quão paciente deveríamos ser em relação aos outros.

É verdade que um problema ético é um problema moral, e o pecado e a santidade são questões morais. Mas devemos nos lembrar de que há dois aspectos para julgar qualquer ação, uma moral e uma não moral. Motivação é sempre o aspecto moral. Mas a aplicação do princípio motivacional sempre envolve aspectos não morais. É por essa razão que é tão fácil julgarmos erradamente.

Faze de minha vida teu testemunho

Ó Cristo, irão os homens prejulgar o evangelho
Pelo que enxergam em mim?
Rejeitarão ou amarão teu nome
Pela pureza de minha vida?
Sou eu uma carta para o perdido?
Teu selo sobre mim está endossado?
Se eu fracassar contigo, que preço trágico!
Senhor, ajuda-me a ser como Cristo.

Ó Cristo, minha vida indigna
Dá testemunho claro aos homens?
Meus amigos, filhos e esposa
Enxergam Cristo em mim?
Tua beleza pura reveste minha alma?
Tua *Shekinah* veste meu ser
Até que os homens exaltem tua glória
Por aquilo que veem em mim?

Ó Cristo, ajuda-me a de fato a preocupar-me
E manifestar tua graça
Que eu possa carregar tua santa imagem
Sobre minha face e minha vida.
Que meu toque seja como o de Cristo;
Preciso tanto de tua graça
Até que minhas obras e palavras sejam tais
Que os homens vejam tua glória.

Que nada além de uma santa ética
Seja manifesta em mim.
Que eu possa compartilhar tua constante plenitude
Quando os homens me tentarem.
Minha natureza crucificaste;
Agora que minha vida inteira testifique
A todos os que me conhecerem
Até que eles também busquem o melhor de ti.

WESLEY L. DUEWEL

SANTO AMOR: A ÉTICA DA VIDA CHEIA DO ESPÍRITO

A Escritura afirma que um motivo pecaminoso traz a mesma culpa quanto o ato pecaminoso. Por exemplo, adultério pode ser cometido no coração (Mt 5.28), e o ódio é assassinato aos olhos de Deus (1Jo 3.15). Somente Deus pode julgar nossos motivos. Quando o Espírito Santo nos enche e santifica, ele nos purifica de todos os motivos impuros.

Começamos a julgar quando vemos uma ação, e, porque não podemos enxergar o motivo, facilmente nos equivocamos em nosso julgamento. O motivo de alguém pode ser puro, mas em razão de esquecimentos, raciocínios sem lógica, falta de entendimento sobre determinada situação ou pessoa, ou a falta de capacidade de comunicação, a motivação pura pode ser expressada de um jeito infeliz. Assim, precisamos ser pacientes com os outros, da mesma maneira que queremos que eles sejam pacientes conosco.

Talvez alguém cheio do Espírito esteja tão distraído em seus pensamentos com um problema em sua família que nem percebe um amigo que passa por ele na rua. Esta pessoa pode pensar que ele a está evitando, e que não a ama, ainda que a pessoa atribulada tenha um coração transbordante de amor pelo outro que ele pareceu ignorar. Ou talvez uma mulher cheia do Espírito recebeu uma informação errada acerca de outra cristã. Ela acredita na informação falsa e suspeita de sua irmã, duvidando que ela tenha uma vida vitoriosa. Então, talvez naquele mesmo dia, a cristã sobre quem ela tem dúvidas é fortemente atacada por Satanás a ponto de ter dificuldade para levantar sua voz em oração durante uma reunião de oração. A pessoa que recebeu a informação errada poderá pensar que isso prova que algo está errado com a vida da outra mulher e que o sentimento de culpa a impede de orar. Como elogiaríamos a pessoa que julgamos se apenas pudéssemos ver como Deus vê!

Além disso, os crentes podem concordar com princípios morais mais amplos e, ainda assim, discordar na hora de trabalhar os detalhes específicos da aplicação desses princípios. Cuidado para não condenar as convicções de outros, que brotam de um coração puro. Não julgue para que você não seja julgado (Mt 7.1,2). Romanos 14.1-4 nos instrui nessas questões:

1. Você deve aceitar as pessoas mesmo que as convicções delas sejam diferentes das suas.
2. Você não deve desprezar as convicções de outros crentes.
3. Deus é o juiz, e não você.
4. Você mesmo será julgado por Cristo quanto a como julga os outros.

Deus tem guiado você passo a passo na compreensão de sua Palavra e para manifestar a vida dele. Você deve ser tão paciente com os outros como Deus tem sido paciente com você.

O coração da pessoa cheia do Espírito é cheio de santo amor. Devemos expressar esse amor a outros e ser pacientes ao interpretar o amor deles. Quanto mais o Espírito trabalhar em você, mais o amor de Deus se manifestará por meio de você. O amor sempre age.

O amor da pessoa cheia do Espírito é amor verdadeiro, o amor de 1Coríntios 13. Ele não conhece nenhum ciúme, inveja, orgulho, cobiça ou animosidade. Quando estamos cheios com Deus, somos cheios de amor, pois Deus é amor (1Jo 4.8). Apesar de que nunca seremos perfeitos em nossa mente e corpo, como Adão foi perfeito, podemos ser perfeitos em amor, pois Deus purifica nosso amor (1Jo 4.17,18). Nosso amor não será infinito, mas crescerá à medida que seguimos a direção e a disciplina do Espírito Santo.

Somente quando exercitamos o amor redentor de Deus ao compartilhar Cristo com outros, permanecemos cheios do Espírito. Devemos, com a ajuda de Cristo, compartilhar do amor do Calvário com uma paixão missionária. O amor redentor possui um senso de

O amor sempre age

É impossível esconder um amor ardente;
Ele triunfa sobre os obstáculos.
O amor se mostra claramente;
Ele traz um toque de paciente graça.
Ele coloca um brilho nos olhos,
Ele comprova a si mesmo; não pode mentir.
O amor sempre aparece!

Você não pode reprimir um amor ardente;
Ele se doa vez após vez.
Ele procura maneiras de servir;
Ele se fortalece para o sacrifício.
Ele busca milhares de maneiras de agradar,
Esquece-se de sua própria vontade e conforto.
O amor sempre se doa!

Onde o amor ardente é uma realidade,
Ele descobre formas de agir.
Ele não hesita ou espera;
Ao servir, o amor nunca se atrasa.
O amor prova sua presença todos os dias;
Ele coloca tudo debaixo de sua esfera.
O amor sempre age!

E aquele que ama a Cristo mais que tudo
Demonstrará isso de muitas maneiras.
Em tudo o que fizer ou dirá,
Seu amor cada dia mostrará.
Sua vida manifestará a graça de Deus
E o amor por Cristo brilhará em sua face –
Pois Deus é amor!

WESLEY L. DUEWEL

responsabilidade pela salvação de outros que começa com nossos vizinhos de porta (nossa própria Jerusalém – At 1.8) e se estende até os confins da terra.

O amor redentor não se baseia na "dignidade" do recipiente. Ele alcança desde o mais degradado quanto o mais educado e culto; ele ama aqueles cuja vida é mais promissora e aqueles cuja vida parece menos esperançosa. Nenhuma pessoa pode amar mais a evangelização que a pessoa cheia do Espírito, pois a preocupação pela salvação de outros nasce do Espírito Santo. Os cristãos que fecham o coração para as necessidades de outros correm o risco de perder a plenitude do Espírito.

O amor redentor trabalha de maneira prática para resolver crises, restaurar relacionamentos quebrados e extrair das pessoas o serviço mais dedicado. Pessoas cheias do Espírito se sentem devedoras, encarregadas de levar toda pessoa não salva até o amor transformador de Cristo, e de servir a seus irmãos em Cristo. O amor redentor faz que eles desejem ir ao encontro de cada necessidade na medida do possível. Esse amor é altruísta, flexível, humilde e busca constantemente servir aos outros. É o tipo de amor que faz alguém vestir um avental e lavar os pés de outros (Jo 13.4,5,15). Nós, cristãos, amamos porque Deus nos amou primeiro (1Jo 4.1-9) e porque ele continua a amar por meio de nós.

Esta é a ética da vida cheia do Espírito: um amor redentor santo e autodoador. Todo outro fruto do Espírito nasce dele (Gl 5.22,23) e cresce à medida que ansiamos e pedimos a Deus por mais, pois, se pedirmos, receberemos (Lc 11.13). Por essa combinação – constante sede por mais do Espírito, contínua transfiguração pelo Espírito na gloriosa semelhança com Jesus Cristo, e permanente direção e disciplina do Espírito para nos capacitar a expressar a vida do Espírito que habita em nós –, nos tornaremos um centro de avivamento e bênção para a causa de Deus onde quer que estejamos, e outros verão e desejarão conhecer Deus também.

{20}

Você é cheio do Espírito?

ocê é uma pessoa cheia do Espírito? O propósito de Jesus ao morrer no Calvário foi o de fazê-lo santo: *Jesus [...] sofreu fora da porta da cidade. Saiamos, pois, até ele, fora do acampamento, levando a afronta que ele sofreu* (Hb 13.12,13). Não viver uma vida cheia do Espírito rouba Cristo da santa satisfação do cumprimento de seu supremo propósito para a sua vida.

Cristo deseja purificar você pelo seu sangue de todo pecado (1Jo 1.7,9) e também quer salvá-lo da prática constante do pecado (1Jo 3.6,9) e tornar sua vontade uma com a dele. O desejo de Cristo é torná-lo puro e santo nesta vida, *de conceder-nos que, libertados da mão de nossos inimigos, o cultuássemos sem medo, em santidade e justiça em sua presença, todos os dias da nossa vida* (Lc 1.74,75).

Cristo conta com você para ser parte de sua radiantemente bela noiva, sua igreja.

> *Maridos, cada um de vós ame a sua mulher, assim como Cristo amou a igreja e a si mesmo se entregou por ela, a fim de santificá-la, tendo-a purificado com o lavar da água, pela palavra, para apresentá-la a si mesmo como igreja gloriosa, sem mancha, nem ruga, nem qualquer coisa semelhante, mas santa e irrepreensível* (Ef 5.25-27).

CHEIO DE DEUS, CHEIO DO ESPÍRITO

Ele deseja purificá-lo agora para que você jamais seja um motivo de vergonha para ele como sua noiva. Ele deseja mostrá-lo perante todos os anjos do céu e apresentá-lo a seu Pai. Ele deseja que sua vida de amor cheia do Espírito Santo ensine aos anjos mais acerca da sua salvação e graça, na medida em que eles o observam agora (Ef 3.10,11). O propósito último de Cristo por toda a eternidade é que você viva num relacionamento íntimo de amor como sua noiva. Nenhum anjo jamais se tornará tão precioso para Cristo como você é.

Você é indigno em seus próprios méritos para ser a noiva de Cristo, mas ele morreu para torná-lo digno. Cristo não apenas quer purificar você e enchê-lo com seu Espírito, mas quer que você seja transfigurado até que possa carregar sua santa semelhança, assim como ele carrega a imagem do Pai.

> O Senhor é o Espírito; e onde está o Espírito do Senhor aí há liberdade. Mas todos nós, com o rosto descoberto, refletindo como um espelho a glória do Senhor, somos transformados de glória em glória na mesma imagem, que vem do Espírito do Senhor (2Co 3.17,18).

Se você já se regozija com a preciosidade da vida cheia do Espírito, faça o tornar-se cada vez mais transfigurado em sua semelhança, sua alegria, seu constante anseio e oração. Como você pode medir seu progresso? Meça-o pela profundidade e constância de seu desejo por mais de sua semelhança. Meça-o por sua parceria de oração com Jesus, à medida que intercede pelas almas, pelo seu reino e pelo avivamento. Meça-o por sua abertura à sua direção e por sua obediência à sua vontade.

Peterson parafraseia 2Coríntios 3.18 em *A mensagem: Nada mais fica entre nós e Deus, nossa face brilha com o brilho de sua face. Somos transfigurados como o Messias, e nossa vida se torna cada vez mais deslumbrante e bela à medida que Deus entra em nossa vida e nos tornamos como ele.* Quão bendita e bela provisão Deus tem feito para nós! Ele deseja que sejamos, como sua noiva, abençoadamente semelhantes a ele em santa beleza e glória. Ele deseja começar a transfigurar-nos agora, e então na ressurreição ele planeja glorificar nosso corpo para partilharmos de sua bela semelhança por toda a eternidade. Imagine possuir um relacionamento face a face com Cristo por toda a eternidade, com o amor do seu coração fluindo através de você como sua noiva!

Amados, somos filhos de Deus, e ainda não se manifestou o que havemos de ser. Mas sabemos que, quando ele se manifestar, seremos semelhantes a ele, pois o veremos como ele é. E todo o que tem nele essa esperança purifica a si mesmo, assim como ele é puro (1Jo 3.2,3). Você percebe o que Jesus está dizendo? Você será "como Jesus". Nenhum anjo o confundirá com outro anjo, pois você será parecido demais com Jesus para ser confundido com um anjo. De um modo indescritível e sagrado, você será como Jesus.

Você experimentará o amor santo e infinito de Jesus de modo deleitosamente bendito e infinitamente pessoal, pois você é particularmente importante para ele. Ele terá o registro de todas as suas respostas a ele – seu amor, sua obediência em buscá-lo mais intimamente, sua comunhão em oração com ele, e sua parceria intercessora com ele quando você perseverou em oração e chorou pelas necessidades do mundo e por suas necessidades. Você não é apenas um número de computador para Jesus. Você jamais ficará perdido na multidão. Da mesma maneira que ele tem gloriosamente personalizado seu relacionamento com você até agora, ele continuará a fazê-lo eternamente. Ele o aguarda cheio de alegria e tem planos gloriosos para você por toda a eternidade.

Apocalipse 19.7 nos assegura que nas Bodas do Cordeiro a noiva estará pronta para Jesus. Isso se refere ao que você está fazendo agora, quando o Espírito Santo o enche e o transfigura. Quanto mais você o ama e o adora, mais intimamente você estará ligado a ele e ele, a você. Quanto mais você é transfigurado em sua semelhança agora, mais empolgado Jesus está ao prepará-lo para a eternidade com ele.

Portanto, que tenhamos como Paulo um constante propósito: conhecer a Cristo melhor e ser transfigurado em sua semelhança.

Mas o que para mim era lucro, passei a considerar perda, por amor de Cristo. Sim, de fato também considero todas as coisas como perda, comparadas com a superioridade do conhecimento de Cristo Jesus, meu Senhor [...] para conhecer Cristo [...] mas faço o seguinte: esquecendo-me das coisas que ficaram para trás e avançando para as que estão adiante, prossigo para o alvo, pelo prêmio do chamado celestial de Deus em Cristo Jesus (Fp 3.7,8,10,13,14).

Se você ainda não descobriu a gloriosa bênção de ser cheio do Espírito, se ainda não a experimentou como uma realidade em sua vida diária, você poderá entrar num novo dia de pureza e poder, num novo dia de comunhão com Deus e de serviço a ele. Você poderá conhecer em sua experiência diária o que significa ser cheio do Espírito, o que significa desejar mais de sua presença e poder, o que significa a obediência completa a Jesus. Você pode iniciar o processo da gloriosa transfiguração, que não se completará até que você esteja aos pés de Jesus, transformado à sua semelhança, vibrando por causa das recompensas eternas. Você pretende ser cheio do seu Espírito?

Vem, oh, vem, clamamos

Bendito Espírito Santo, vem mais uma vez;
Vem, habita em nós plenamente com poder.
Ansiamos, esperando por tua graça e poder;
Bendito Espírito Santo, vem neste momento!

Coro:
Vem sobre nós agora! Vem sobre nós agora!
Famintos, sedentos, desejosos, nos prostramos.
Opera em toda a tua plenitude em nós e por meio de nós;
Famintos e obedientes, Senhor, pela fé clamamos.

Bendito Espírito Santo, que a *Shekinah* recaia;
Que tua santa glória venha sobre todos nós.
Que teu fogo e glória sobre nós desça;
Põe teu selo sobre nós; então em serviço nos envia.

Bendito Espírito Santo, opera de modo que todos vejam;
Exerça teu senhorio – todo o teu ministério.
Opera em poder mais plenamente do que já foi visto
ou ouvido;
Conforme tua bendita promessa, conforme tua santa Palavra.

Bendito Espírito Santo, oh, não te demores!
Vem com poder e glória; vem sobre nós hoje!
Pois por ti ansiamos; é de ti que precisamos!
Bendito Espírito Santo, vem, oh, vem! clamamos.

WESLEY L. DUEWEL

Oração de amor

e anseio por Deus

Por favor, acompanhe-me nesta oração:

Bendito, maravilhoso e glorioso Senhor Jesus, tu és o Filho de Deus de toda a eternidade, mas tu nos amaste tanto que deixaste o céu com todas as suas glórias e te tornaste o Filho do homem. Tu suportaste nosso mundo pecador, sofrendo a rejeição, o ódio e a maldade dos homens. Tomaste sobre ti mesmo a vida humana da infância até a morte – e, oh, que morte cruel! Fizeste tudo por causa de teu amor infinito e pessoal.

Tu nos amaste antes mesmo de o mundo ser criado. Tu nos escolheste e ansiaste por nós mesmo antes da criação de Adão e Eva como nossos pais. Tu nos amaste ao máximo ao viver para nós, orar por nós e chorar por nós no Getsêmani. Em teu amor agonizante, tu suaste gotas de sangue. Teu coração foi rasgado por nós na cruz, e ainda assim nos amas e anseias por nós.

Tu me compreendes melhor que eu compreendo a mim mesmo. Tu conheces cada pensamento meu, desejo e fraqueza, e ainda assim me amas. Tu anseias e desejas que eu passe a eternidade contigo, como parte do grupo especial que estás preparando para ser tua noiva. Tu me queres próximo de ti em tua casa, ao teu lado, contemplando tua face, mais próximo de ti que qualquer dos anjos do céu!

Jesus, eu te amo, eu te adoro. Obrigado por me salvares de meus pecados. Obrigado porque nenhum de meus pecados que tu perdoaste será lembrado contra mim outra vez. Obrigado porque, apesar de odiares meu pecado, me amas tanto a ponto de morrer por mim. Obrigado porque percebeste quão poluída, escravizada e pecaminosa era minha natureza humana – incurável até tu me purificares. Tu te entristeceste por causa de meu pecado, inveja, ciúmes, teimosia, ira, orgulho, engano e ódio. Obrigado porque tu não apenas levaste sobre o Calvário todos os pecados cometidos pela humanidade, mas também carregaste o pecado e a ausência de santidade de nossa natureza. Obrigado porque não apenas levaste nossos pecados, mas também providenciaste teu precioso sangue para nos purificar do pecado interior de nossa natureza. Obrigado, maravilhoso, infinitamente amoroso Jesus. Obrigado por me purificares.

E obrigado porque tens me dado graça sobre graça e tornado possível meu crescimento para ser mais como tu em personalidade e caráter. Obrigado, pois o Espírito Santo não esteve comigo apenas quando me regenerou ou mesmo quando me purificou de minha natureza e encheu-me dele mesmo, mas porque ele jubilosamente trabalha para transfigurar-me em toda a beleza que te preenche, meu amado Jesus.

Amado Jesus, tu és glorioso além da capacidade de minhas palavras para descrevê-lo, e mesmo assim anseias que eu me torne mais parecido contigo. Reveste-me com mais de tua beleza – teu amor, humildade, paciência, alegria e paz. Transfigura-me de um estágio de tua glória a outro.

Que tua beleza, Senhor Jesus, seja vista em mim,
Toda tua semelhança, glória e pureza.

ORAÇÃO DE AMOR E ANSEIO POR DEUS

Ó, meu Salvador divino, refina todo o meu ser,
Até que tua beleza, Senhor Jesus, possa ser vista em mim.

Eu te agradeço por levar-me à tua presença no céu.
Tu glorificarás até mesmo meu corpo, dando-me um corpo
mais semelhante ao teu do que eu jamais sonhei possível.
Ó, Jesus, finalmente serei transfigurado: corpo, alma e
espírito eternamente!

Oh, isso será uma glória para mim, glória para mim,
    glória para mim;
Quando por tua graça contemplarei tua face,
Isso será glória, glória para mim.

No nome glorioso de Jesus. Amém.

Santo amor

Primeira aos Coríntios 13 nas palavras
de várias traduções e paráfrases

Eu combinei frases e palavras de várias traduções e paráfrases do Novo Testamento sobre as quinze belas declarações descritivas em 1Coríntios 13, para nos ajudar a melhor compreender o alto padrão espiritual estabelecido por Deus para aqueles que ele enche com seu Espírito. Não nos desesperemos por jamais atingirmos esse padrão de santidade de caráter; antes, agradeçamos a Deus por ele desejá-lo para nós e busquemos em oração e fé nos apropriarmos dele.

1. O santo amor é tolerante, longânimo, muito paciente. O amor nunca desiste.
2. O santo amor é muito gentil. O amor preocupa-se mais com o outro que consigo; ele é gracioso, dócil, benigno. Ele suaviza tudo que seria duro, severo.
3. O santo amor nunca é ciumento; ele nunca inveja.
4. O santo amor nunca se vangloria ou se gaba; ele não se promove nem chama a atenção. Ele não busca se mostrar, não quer "aparecer".
5. O santo amor não se orgulha, não se infla, não é presunçoso, não ostenta nem é arrogante, não possui um ego inflado

CHEIO DE DEUS, CHEIO DO ESPÍRITO

nem age de modo impróprio ou inconveniente, não age sem a graça.

6. O santo amor não é egoísta ou egocêntrico. Não exige que as coisas sejam feitas do seu jeito nem age com a atitude de "eu primeiro!". Não insiste em reivindicar seus próprios direitos.

7. O santo amor não se irrita facilmente, não explode em ira, não tem pavio curto nem se ofende com rapidez. O santo amor não é hipersensível, não faz intriga nem guarda ressentimento.

8. O santo amor não guarda registro dos erros dos outros, não remói ofensas, não liga para elas, não vive se lembrando de erros cometidos contra ele. O santo amor dificilmente percebe quando outros lhe fazem mal; ele não tem malícia.

9. O santo amor não se regozija com erros ou injustiças. Não se rebela enquanto outros demonstram respeito, não se alegra com os pecados de outros.

10. O santo amor se deleita na verdade, alegremente se põe ao lado da verdade, regozija-se sempre que a verdade prevalece.

11. O santo amor suporta tudo, cobre tudo. Ele sabe quando silenciar. O amor sempre suporta, está sempre disposto a desculpar; ele suporta tudo e todos os imprevistos. O santo amor aceita pacientemente todas as coisas, suporta todas as coisas, e não liga para as faltas dos outros.

12. O santo amor confia sempre em Deus, pode suportar qualquer tipo de tratamento e crê em todas as coisas. O santo amor é sempre confiável, possui fé inabalável, está sempre desejoso por esperar o melhor, é sempre apoiador e leal.

13. O santo amor é sempre esperançoso. Ele mantém a esperança em todas as circunstâncias, mantém a esperança em tudo. O santo amor nunca considera nada ou ninguém como sem esperança; ele sempre procura o melhor.

14. O santo amor não desanima nem perde a coragem; ele é cheio de perseverança. Ele suporta sem limite. Ele nos dá poder para suportar todas as coisas; ele permanece sempre forte. O santo amor suporta todas as coisas sem enfraquecer. Ele nunca olha pra trás.

15. O santo amor nunca falha nem se esgota. Ele nunca diminui nem se torna obsoleto. O santo amor dura para sempre. Ele persevera até o fim.

Senhor, aperfeiçoa este amor em mim. Faze transbordar em mim mais e mais desse teu santo amor. Amém.

Sua opinião é importante para nós.
Por gentileza, envie-nos seus
comentários pelo e-mail
editorial@hagnos.com.br

Visite nosso site:
www.hagnos.com.br

Esta obra foi impressa na
Imprensa da Fé.
São Paulo, Brasil.
Outono de 2021.